個別最適な学び とつながる！

協働的な授業 スタートブック

丸岡慎弥 著

学陽書房

はじめに

　私がはじめて協働的な学びと出合ったのは、今からもう10年以上も前、当時主宰していたサークルとは別のとある教育サークルに参加して実践を聞いたときのことでした。

　そのときの私は、「こうすれば子どもたちがこのような反応をする」「こう指導すれば子どもたちがこのようにできるようになる」といったいわゆる「古典的プロフェッショナル」と言われる技術を必死に追いかけ、自分自身もそれに基づいた指導を積極的に実践していました。当時の私の授業力はほぼゼロに等しく、子どもたちの前に立っても何が正しいのかも分からずに、ただ必死に「それなりの授業」を成立させて乗り切ることくらいしかできませんでした。

　そんな私に、ある転機が訪れます。それが、前述の「とある教育サークル」で目にした学習法との出合いでした（ちなみに、とあるサークルとは、「六甲SFclub」という兵庫県内で活動していた教育サークルです）。そこで目にした「学び合い」の授業実践映像は、それまで私が描いていた授業像とはまるで違っていたのです。

- **授業時間に子どもたちが自由に話し合ったり移動したりしている**
- **もはや教師がどこにいるのかすら分からない**
- **とにかく子どもたちがずっと活動し続けている**

　さらにクラスの取り組みとして、「1週間の学習計画を子どもたち自身が決めている」「教師の出番は冒頭の5分程度で、あとは子どもたちが自分で学習を進めている」といったことも教えてもらいました。もちろん、実践していた先輩教師はいわゆる一斉授業を批判しているわけではありません。必要な場面に応じて、一斉授業も行っていました。ただ、当時の私には、「学び合い」による学習はあまりにも衝撃的な授業だったのです。

　授業とは、教師の指導技術がすべてであり、子どもたちに学習を

身につけさせるのは教師であるという前提を疑ったことがありませんでした。

　そして、私が先の先輩の実践を知り、もっとも大きく影響を受けたのは、「子ども観」です。「子どもたちは学びたがっている存在である」「子どもたちは自分の学習を自分で乗り越える力をもっている」、そんな当たり前の「観」が大きく変わったのでした。

　この出合いをきっかけに、私自身も「子どもたちが学び合う時間」を意図的に設けるようにしました。また、「一斉授業か、協働学習か」の二項対立を乗り越えるためにも、自分なりに実践を積み重ねていったのです。その取り組みから10年以上にもなりますが、その間に「ただ子どもたちだけに任せるだけではうまくいかない」「一斉授業と協働学習のバランスが大事」「どのような授業形態でも必要な授業観がある」ことなどが見えてきました。

　本書では、そうした実践を通して培ってきた「知見」や「ポイント」、さらには「観」を余さず紹介させていただきました。協働的な学びをもっと取り組んでみたいけれど具体的な方法が分からない、実際に協働学習に取り組んでいるけれど、なんだかうまくいかないという先生方には、特にお役立ていただければと思います。

　さあ、本書を開き、ともに協働的な学びについて考え、深めていきましょう。協働的な学びがさらに充実し、たくさんの教室が子どもたちのもつエネルギーであふれることを願っています。

丸 岡 慎 弥

CONTENTS

はじめに……………………………………………………………3

子どもが自分で動き出す！
「協働的な学び」の超基本

1 そもそも「協働的な学び」って、どういうこと？……………12
2 個別最適な学びと協働的な学びの一体化で
  深い学びが実現する…………………………………………14
3 主体的・自立的に取り組むことで学習効果はグッと高まる……16
4 教師は伴走者！　子どもたちには「学び方」を教える………18
5 誰と協働させるのかを明確にする……………………………20
6 「考えたこと」「分からないこと」を共有させる………………22
7 友だちの意見について考えさせる……………………………24

5

8 フィードバックしながらよりよい姿を目指す……………26

9 「個の学び」から「学び合い」につなげる……………28

10 クラウドの活用でスムーズかつ相互的な学びを仕組む……………30

`Column 1` 1年生での協働的な学びの始め方……………32

Chapter 2
決め手はここ！ 「協働的な学び」を成功させる 7つのポイント

1 `ポイント1` 目的をきちんともたせる……………34
2 `ポイント2` 「ズレ」を意識させて知識・情報を共有する……36
3 `ポイント3` 教師が対話を仕掛ける……………38
4 `ポイント4` 「一緒に作業」の時間をつくる……………40
5 `ポイント5` フィードバックを送り合う……………42
6 `ポイント6` 問題点を整理させる……………44
7 `ポイント7` 授業デザインとつなげる……………46

`Column 2` 2・3・4年生での協働的な学びの取り組みポイント……………48

Chapter 3
どの子も主役に！
子どもが主体的に学び出す学級づくり

1 協働的な学びは確かな学級経営から……………………………50

2 朝の会で「今日1日の見通し」をもつ………………………………52

3 朝の会で「1日の目標」を宣言する……………………………54

4 配り物、係&当番活動、給食で協働の力を引き上げる……………56

5 掃除で協働の力を引き上げる…………………………………58

6 帰りの会で「1日の振り返り」を発表させる……………………60

7 クラスに「会社活動」を取り入れる………………………………62

Column 3　高学年での協働的な学びのポイント………………………64

7

Chapter4

ここが成否の分かれ道！
「協働的な学び」の進め方

1 まずは「ゴール」を共有································66

2 学習内容と人数設定を事前に確認する·············68

3 机の配置を取り組みに合わせて調整する···········70

4 チェックポイントをつくる······················72

5 役割をもたせて状態をチェックする···············74

6 進み具合を共有していく························76

7 子どもたちの経験に合わせて教師が助言する·······78

Column 4 協働的な学びを活性化する教師の言葉かけ···········80

Chapter5

「もっと学びたい！」が飛び交う教室に！
教科別実践事例

1 国語科 漢字＆音読学習····························82

2	**国語科**	初発の感想	84
3	**国語科**	作文を書く	86
4	**社会科**	「気付いたこと・疑問」を共有する	88
5	**社会科**	子ども同士で調査してまとめる	90
6	**算数科**	問題を教え合う	92
7	**算数科**	自分の考えを発表する	94
8	**理科**	実験や観察で役割を分担する	96
9	**理科**	考察やまとめを一緒につくる	98
10	**音楽科**	歌をうたう	100
11	**音楽科**	リコーダーのスキルアップをはかる	102
12	**図画工作科**	グループで協力して作品を作り上げる	104
13	**図画工作科**	作品をフィードバックし合う	106
14	**体育科**	それぞれの技を見合う	108
15	**体育科**	協力してゲームを進める	110
16	**特別の教科 道徳科**	教材から感じたことを共有する	112
17	**特別の教科 道徳科**	話し合いを通じて練り上げる	114
18	**特別活動**	自分たちの課題を解決する	116
19	**総合的な学習の時間**	みんなで目的を共有する	118

20 総合的な学習の時間
共同編集機能でチームワークを発揮する……………………120

Column 5 これからの小学校教育における一斉学習のメリットとは……………122

Chapter 6

メリット盛りだくさん！これからの時代に不可欠な「協働しながら学ぶ力」

1 1人1人が自分らしくみんなと自由に……………………124
2 自律とコミュニケーション力が引き出される……………126
3 多様性を認め合えるクラスづくり…………………………128
4 自治的なクラスへと成長させる……………………………130
5 問題解決力が高まる…………………………………………132
6 「教える」システムから「学びを支援する」システムへ……134
7 学びをリアルな社会につなげる……………………………136
Column 6 教室から飛び出す協働的な学び………………138

おわりに……………………………………………………………139

Chapter 1
子どもが自分で動き出す！
「協働的な学び」の超基本

子どもたちが主体性をもって動き出す
協働的な学びとするためには、
教師が最低限理解していなければ
ならないことがあります。
ここでは、その基本事項について解説します。

そもそも「協働的な学び」って、どういうこと？

「協働的な学び」は、現在の教育にはもちろん、未来の教育に欠かせない大切なキーワードであることをまずは押さえておきましょう。

学習指導要領における協働的な学び

「子どもたち同士の学び合いが大切」「子どもたちが協働して学習ができるように」などと盛んに言われてきていますが、そもそも「協働的な学び」とは、どのような意味なのでしょうか。教師自身がその言葉の意味を正しく理解していなければ、その実現はかないません。

この「協働的な学び」は、現行の学習指導要領におけるキーワードともなっています。文部科学省が発行する各種資料の中には「協働的な学び」という言葉が頻出しています。イメージだけに留めず、まずは原典にあたり、丁寧に目を通していくことが必須です。

協働的な学びが目指すところ

令和3年の中央教育審議会「教育課程部会における審議のまとめ」では、協働的な学びについて、「探究的な学習や体験活動などを通じ、子供同士で、あるいは地域の方々をはじめ多様な他者と協働しながら、あらゆる他者を価値のある存在として尊重し、様々な社会的な変化を乗り越え、持続可能な社会の創り手となることができるよう、必要な資質・能力を育成する」と書かれています。キーワードの真の意味理解のためには、意図や課題とするところ、ねらいも確実に押さえていきましょう。

協働的な学びに欠かせない2つのポイント

　前述の審議のまとめの中で、もっとも重要とされるのは、「探究的な学習や体験活動などを通じ」「子供同士で、あるいは地域の方々をはじめ多様な他者と協働しながら」の2点であると私自身はとらえています。まずは、ただ協働するのではなく、協働と関連する学びの体験が伴うことが大切であるということです。

　さらに「他者」は、子ども同士のみならず地域の方々、さらには保護者、教師などと多様であることも念頭に置くことが不可欠です。

ここが押さえどころ！

協働×体験　多様な他者

ADVICE!

どの学年においても「協働的な学び×○○」が大切です。ただ協働するだけでは深い学びにはつながりません。学習活動の内容や発問を工夫し、その取り組みの中でどう協働させていくのかを丁寧にデザインしましょう。

2

個別最適な学びと協働的な学びの一体化で深い学びが実現する

教室での学習は「協働的な学び」だけで成り立つのではありません。必ず「個別最適な学び」と両輪で考えていくことを意識しましょう。

協働的な学びだけでは成立しない

「協働的な学び」が重要だからといって、それだけに専心して学習をとらえてしまうと学びは深まりません。学習の取り組みは、常に他者と話し続け、対話を続けていくことで高まります。だからと言って、他者と話し続け、対話していくだけでは思考は深まりません。それだけでは、自分自身の学びとして十分に落とし込むことができないのです。

だからこそ、文部科学省は「個別最適な学び」と「協働的な学び」を一体的に実現させていくことを強調しているのです。

両輪となる個別最適な学びとは

「個別最適な学び」について、令和3年の中教審答申では「個別最適な学び」について「指導の個別化」と「学習の個性化」に整理されており、児童生徒が自己調整しながら学習を進めていくことができるよう指導すると書かれています。実際、こうした学びの先駆者とも言える明治生まれの教育者・木下竹次（きのしたたけじ）も「独自学習」「相互学習」のバランスのとれた指導を実現していたと言います。目の前の子どもの状態に合わせた学びの往還を目指していきましょう。

学びのバランスをどうとっていくか

　子どもたちの学びが、「個別最適な学び」あるいは「協働的な学び」のいずれかに偏りすぎず、一体的に充実していくことの重要性を文部科学省は説いています。1時限の授業の中で、単元の中で、または1年間の学習の中で、どのように個別最適な学びと協働的な学びのバランスをとっていくかで、双方の学びの効果は大きく変わっていきます。

　この2つの要素は常にセットであり、また、行き来するからこそ、子どもたちを成長させる学びの時間は充実していくのです。

ADVICE!

指導のベースに、低学年は「学習スキルを丁寧に伝える」、高学年は「夢中になる仕掛けを組み込む」ことを意識しながら、目の前の子どもたちの学習レベルを踏まえたサポートに力を尽くしていきましょう。

3

主体的・自立的に取り組むことで
学習効果はグッと高まる

子どもたちを主体的・自立的に学習に取り組ませていく理由。もちろんそれは、子どもたち自身の学ぶ力を育むことに他なりません。

指示待ちだけでは何の力も身につかない

「子どもたちが主体的・自立的に学習に取り組む」と聞けば、まずはどのようなことをイメージするでしょうか。もしかすると、「子どもたちに任せていては学習が進まない」「実際に子どもたちが自分で学習することなどできるのか」、さらには「学級崩壊してしまうかも」などといった心配・不安がよぎることもあるかもしれません。

しかし、いつも教師からの指示を待つだけでは、子どもの学びに向かうスイッチそのものが入らないのです。そのことを教師がしっかりと認識しましょう。

キーワードは「自己調整」と「粘り強さ」

現行の学習指導要領では、子どもたちに身につけさせたい資質・能力の3観点の中に「主体的に学習に取り組む態度」を据えています。具体的には「自己調整力」と「粘り強さ」を指します。つまり、「子どもが自分にとって必要な学習を選び、取り組んでいく力」「なかなか解決できない問題でも、最後までやりとげようとする力」が大切であり、この力を伸ばしていくことが教師の使命の1つとなります。

16

主体的・自立的だから学びの濃度が増す

　教師が一律に教えるだけの授業と、子どもたち自身で進めていく授業とでは、学習の濃度や子どもの成長の幅が大きく変わることは言うまでもありません。

　例えば、困難にぶつかったときなど、自分１人だけではなかなか問題解決に至らない状況に陥っても、友だちの考えや意見を積極的に聞いて考えたり、調べたりすることで、個々の取り組み方やアプローチも大きく広がり、問題解決への到達度は一気に上がります。

ここが押さえどころ！

一斉指導の指示待ちは限界あり……

自己調整
粘り強さ
学習濃度がアップ！

ADVICE!

「協働的な学び」でも「個別最適な学び」でも、自己調整力と粘り強さは絶対的に不可欠な要素です。日頃から、まずは子どもたちがじっくりと取り組む時間を十分に確保し、学習を進めていきましょう。

4 教師は伴走者！子どもたちには「学び方」を教える

現行の学習指導要領にもあるように「持続可能な社会の創り手」を育成するためには、「知識」ではなく「学び方」を教えることが重要です。

今、子どもたちに求められている力

　学習指導要領を今一度確認してみましょう。「持続可能な社会の創り手」というキーワードが強調されていることに改めて気付かされることと思います。つまり、子どもたちには、社会が求める能力を身につけさせていくだけではなく、これからの社会に必要なことを自ら発見し、自分自身でつくり出していく能力が求められているのです。

　同時に、決められたことのみを解決する能力は、すでに求められていないのも分かります。

自ら学習する態度と学び方のスキルの両方が必要

　こうした能力を育成するためには、もちろん「自ら学習していく」という態度や意欲も不可欠です。これまでの学習指導要領でも「関心・意欲・態度」を評価していくことで子どもたちの自ら学習する力を育成しようとされてきました。

　しかし、現行の学習指導要領や教育現場では、態度面のみならず具体的な「学び方」の指導に注目が集まってきているのです。それはつまり、自ら学ぶことができるスキルをもった真の「学び手」を育てようとしているのだととらえることができます。

「子どもたちの学びの旅」を伴走する

　自ら学ぼうとする態度と学び方のスキルを身につけた子どもたちは、自らの力で学びの旅に出かけ、自分の力を発揮して学びを蓄積することができます。

　これは、態度面とスキル面が身についているからこそ実現することができます。子どもたちは、そうしたことをはじめからできるわけではないので、常にスムーズに学びが進むとは限りません。

　だからこそ、教師は伴走者となって、学び方を教えたり、子どもが壁に直面したときに一緒に取り組んだりする必要があるのです。

ADVICE!

子どもたちが「自ら学習を進めること」と「放任」はまったく異なるものです。特に小学生の段階では、中・高校生になったときに自立した真の学習者になることを見据えて学び方を丁寧に伝えていきましょう。

5 誰と協働させるのかを明確にする

「協働的な学び」をイメージしたとき、子どもたちがどのように学習している場面が思い浮かびますか。大切なのは、誰と学ぶかにあります。

協働の「相手」を考えてみる

「協働的な学び」というと、友だち同士で話し合いをしたり、ゲストティーチャーと話をしたりするイメージがあるかもしれません。しかし、それだけを指すわけではありません。

特に、「自分自身」「教材」「問い」において対話をしている姿を見逃さないようにしましょう。一見、シーンと静まりかえった学習場面であっても、子どもたちの頭や心の中には、これまでの経験を振り返ったり、教材への気付きや疑問を考えたりとさまざまな対話が生まれています。それを実際の取り組みに向けて引き出していきます。

「誰と」「何が生まれているのか」を意識する

「協働的な学び」において、「今、誰と協働しているのか」を常に観察し、見取りながら指導していく姿勢が教師には欠かせません。同時に、「その協働の中で何が生まれているのか」にもしっかりと意識を向けるようにします。

そのような視点をもって子どもたちの様子を丁寧にキャッチし、その学びの中身にも興味・関心をもちながら、授業者である教師が目標に向かって学びをデザインしていくことが大切なのです。

協働のレベルを設ける

また、「どのように協働しているのか」を教師がしっかり把握することも大切です。そのためにも、例えば、次のような指標を設けましょう。

レベル①　1人1人の子どもがもち合わせている情報を交換している
レベル②　交換した情報をもとに質問したり、賛成・反対意見を出したりしている
レベル③　協働的な学びをもとに新しいことを生み出そうとしている

ここが押さえどころ！

ADVICE!

上記のレベル①～③は、必ずレベル③を目指せというわけではありません。学習内容や状況に合わせて教師が目標レベルを見極め、①～③それぞれを深めていくように導きます。

「考えたこと」「分からないこと」を共有させる

協働的な学びが定着してきたら、次のステップとして「質」を意識していきましょう。そのカギは学びたいという意欲です。

「考えたこと」「分からないこと」をキャッチ

　協働的な学びの機会を多く設けていくと、徐々にそれが子どもたちにとって当たり前の取り組みとして定着していくことでしょう。しかし、ここがゴールではありません。次に目指すのは、その「質」です。協働的な学びを具体的にどのように高めていくかということに、教師自身が意識を向けていかなければならないのです。そのためにも、子どもたち自身が「考えたこと」「分からないこと」をキャッチしていくアンテナを張り巡らし、それを意図的に活用していきましょう。
　それが、協働的な学びを一段も二段も高めていくカギとなります。

協働的な学びの失敗とは

　協働的な学びをステップアップさせるためにも、失敗要素を押さえておくことが大切です。その1つが、「ただ取り入れる」ということ。
　協働的な学びに入る前には、まず「事前に何を学び、何を体験するか」が重要であり、それが抜けてしまうと、ただ活動しているだけという状態へと陥ってしまうのです。これでは、深い学びにつながる学習とは言えません。

子どもたちの「〜したい」を引き出す

　子どもたちが「事前に何を学び、何を体験するか」は、教師が「何を仕掛けるか」ということでもあります。具体的には、発問や資料提示、体験的な活動の工夫によって、子どもたちから「学びたい」「知りたい」「やってみたい」を引き出すことです。そして、こうした学びの体験を経た子どもたちが、意欲や知的好奇心を高めた状態で協働的な学びへと取り組んでいくことができるのです。

　協働的な学びに入る前に、どのような学習活動を仕組むかが教師の腕の見せ所です。

ADVICE!

協働的な学びを充実させるためにも、特に学級開きの４月はもちろん、事前の一斉授業を大切にしていくようにしましょう。その中で何を学び、理解するかで協働的な学びが変わるのです。

友だちの意見について考えさせる

協働的な学びをさらに加速させ、熟成させるためには、「友だち同士の関わり」が欠かせません。

人的環境を整えよう！

協働的な学びを進めるために欠かせないことはまだまだあります。それは、「人的環境」です。つまり、子どもたちがクラスで学び合う中で、いつも安心感をもって過ごすことができているかどうかということ。つまり、分からないことを「分からない」と誰もが発することのできる学習環境が必要なのです。

4月の学級開きからクラスの基盤づくりを丁寧に行い、子どもたち同士をしっかりつなぎながら、お互いの気持ちや考えを自信をもって伝え合える集団に育てていく意識がカギになります。

週に1度の道徳科授業×協働的な学び

協働的な学びを推し進めるためにも、週に1度の「特別の教科 道徳」の時間を充実させることは不可欠です。道徳科の授業は、友だち1人1人の考え方や価値観を知るためには格好の時間となります。また、1人1人の意見を受け止めながら全員で学習を深めていくことができるからこそ、子どもたちのつながりは確かなものになっていきます。

こうした積み重ねによって、学びの基盤はつくられていきます。

協働的な学びに必要なスキルを伝える

　さらには、「対人スキル」の獲得も欠かせません。具体的には、次のようなスキルです。
　①分からないときには、できるだけ自分から聞く
　②困っている友だちがいたら声をかける
　③答えを教えるのではなく、考える過程に寄り添う
　はじめは、教師が見本を見せながら指導を繰り返し、これらをクラスの中における共通理解、文化にしていきます。

> ADVICE!
>
> うまく学び合いが進んでいるグループの姿を教師が積極的に取り上げて、クラス全体に共有しながらどんどん広げていくようにしましょう。子どもたちは、「よいモデル」に注目し、そこから学び取ります。

フィードバックしながらよりよい姿を目指す

子どもは教師からのフィードバックで、さらによりよい姿を目指し、ステップアップすることができます。協働的な学びには不可欠です。

子どもたちを観察する

子どもたちが協働的な学びというものに慣れ、少しずつ自分たちで学習を進められるようになってきたとき、教師は何をすればいいのでしょうか。その1つが、「子どもたちを観察する」ことです。

もちろん、観察と言っても、ただ子どもたちを眺めているだけではいけません。子どもたちを観察しながら、その先にイメージされる子どもたちのよりよい姿を見出していきましょう。

よい面・悪い面の両面をフィードバック

子どもたちへのフィードバックにおいては、「即時評価」がポイントになります。教師が子どもたちの学習状況を見て、「すてきだな」「みんなに広めていきたいな」ということを発見し、その場で全体へと広めていくのです。同時に、「これはしてほしくない」「こんなことは広まってほしくない」と思うことも子どもたちに伝えていく必要があります。

つまり、「よい面」と「悪い面」のどちらも伝えていくのですが、その際のポイントは「具体性」です。具体的なポイントや「なぜ」そうしたフィードバックなのかということまで伝えるようにしましょう。

こんな姿を発見しよう

　具体的に、教師は子どもたちのどのような姿を発見していくといいのでしょうか。あくまでも１例ではありますが、主に以下のようなことが挙げられます。
　①友だちに寄り添って教えている
　②お互いに聞き合いながら意見交換をしている
　③メモを取りながら話し合いを進めている

ADVICE!

協働的な学びは、教室が活気づくダイナミックな学びであるがゆえに、積極性が強く表出する傾向があります。一方で「これはやめておこう」という規律保持の視点も教師がしっかり伝えていくことが不可欠です。

「個の学び」から 「学び合い」につなげる

「独自学習→相互学習→独自学習」は、協働的な学びを深める軸となる流れです。この流れをより効果的にするポイントを押さえましょう。

ダイナミックな時間も個の時間の充実から

　協働的な学びは、多くの子どもたちにとって大好きな時間となります。友だちと協力しながら自分たちのペースで学習を進めることができるからです。生き生きと活気あふれる時間となり、まさに子どもたちは躍動しながら夢中になって学習を進めていきます。
　しかし、そうした時間も「個の学び」が確保されているからこそ充実するということを忘れてはいけません。

授業や単元の始めは「個の時間」を大切に

　前述の通り、協働的な学びの充実には、個の時間の充実が不可欠です。つまり、まずは子どもたち1人1人が「知りたい」「調べたい」「やってみたい」を自分自身で見つけられているからこそ、集団での学びが充実するのです。
　そのためにも、単元の始まりや授業の始まりでは、必ず「個の時間」を確保するようにしましょう。単元で言うと1時限、授業で言うと5〜10分程度は個の時間が必要です。

「振り返り」の時間を充実させる

前述の教育者・木下竹次も提唱していますが、やはり学習法における締めくくりには「独自学習」が欠かせません。1時限の授業の終わりや単元における学習まとめでも、「独自学習」が重要であると私自身も日々の実践から強く実感しています。

授業や単元学習の終わりでは、必ず「振り返り」の時間を確保する流れをつくっていきましょう。今回の学習で知り得たことや工夫できたこと、感じたことは何か、さらにはもっと知りたいと思ったことは何かを子ども自身でまとめさせ、次の学習へとつなげるようにしていきます。

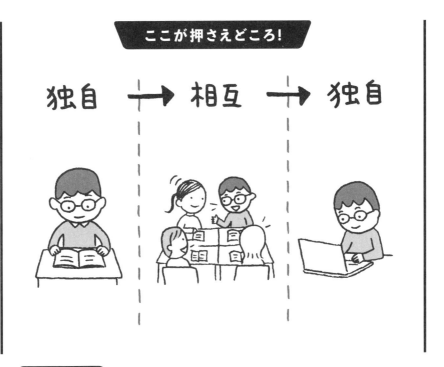

ADVICE!

特に協働的な学びの後の振り返りの時間は、とても大切です。この作業を忘れずに積み重ねていくことが、子どもたちの自立を促したり、探究心を育んだりしていきます。

10 クラウドの活用でスムーズかつ相互的な学びを仕組む

GIGAスクール構想が推し進められたことで、一気に教室環境が変化しました。これを最大限に活かしていきましょう。

GIGAスクール構想は協働的な学びと相性抜群

　GIGAスクール構想により、子どもたちの机の上には1人1台端末が置かれている状況が当たり前となりました。読者の先生方の教室での活用状況はいかがでしょうか。

　GIGAスクール構想は、私たち教師をはじめ、子どもたちにも圧倒的な効率化と創造をもたらしてくれたことは言うまでもありません。これをフル活用しない手はありません。協働的な学びとも相性がいいので、その促進のためにも大いに役立てていきましょう。

「見通し→学習活動→振り返り」をデジタルで

　協働的な学びでは、「見通し→学習活動→振り返り」という流れで学習が進みます。これらを紙のノートに書き出しながら進めていくよりも、ぜひともデジタルで取り組んでいくことをおすすめします。デジタルで行うことによって、子どもたちの状況が一気に共有され、また蓄積もされるからです。特に教師や子どもたちにとって、「今日、Aさんは〇〇ということをがんばっているんだな」と可視化されることは学びの促進のためにもたいへん効果的です。

アナログであることのデメリット

　全員の子どもがそれぞれの紙のノートに書いたことを瞬時に簡単に共有することは、その手間を考えただけでも非常にハードルが高く、ベテラン教師でも容易にできることではありません。

　また、個々の学習の蓄積も、アナログで行うには子どもたちにとって思っている以上に大きなハードルとなります。プリント管理などが不得手な子どもが少なくなく、単元間で紛失してしまうケースでは、そうした対応によってせっかくの学習の流れが阻害されてしまうこともあります。その点、デジタル管理はそういったストレスが軽減されます。

ADVICE!

ICT機器は、教師も子どもも使用すればするだけスキルアップすることができます。「習うより慣れろ」の精神で、臆せずに使う機会をどんどん設けていきましょう。

Column 1

1年生での
協働的な学びの始め方

　小学１年生の授業と言えば、みなさんはどのようにイメージしていらっしゃるでしょうか。

　「まずは授業の受け方をきちんと指導しないと……」

　「１つ１つ、基本の学習方法を教えていって……」

　そうしたことに意識を高く抱いている先生が多くいらっしゃることと思いますが、こうしたイメージをいったん壊すために(笑)、あるエピソードを紹介します。

　それは、木下竹次 (1872-1946) という教育者の実践です。木下先生の記した『学習原論』(1923 年) には、およそ次のようなエピソードが紹介されています。

　入学して間もなくの１年生の授業は、まずは子どもたち１人１人が運動場などで自分の興味・関心のあるものにたくさん触れる時間を設けることが望ましく、具体的には、石や土、木や草などのようなものに運動場でたくさん触れるようにする。触れていくうちに興味・関心をもち始め、それによってさらに詳しく見ようとする。そうした時間を幾日か過ごした後、子どもたちが運動場から教室に帰ってきた際、１冊のノートを机上に置く。子どもたちは、ノートの機能を知り、自分たちの発見を次々にノートに書いていく。

　木下先生は１年生のもつ興味・関心の強さを最大限に引き出し、活用し、子どもたち中心の学習法を開発しました。時代が変わっても、１年生の子どもたちのもつ興味・関心が大きく変わることはないでしょう。

　ぜひ、子どもたちの力を最大限に活かした協働的な学びに挑戦してください。

Chapter2

決め手はここ！「協働的な学び」を成功させる7つのポイント

実りある協働的な学びとするためには、
欠かせない7つのポイントがあります。
子どもたちが協働しながら
自分たちでより深い学びとするためにも、
しっかりと押さえておきましょう。

目的をきちんともたせる

協働学習を日常的なものとして定着させ、高めていく秘訣は、日頃から子どもたちにその「意義」を語り伝えていくことです。

意義を語らずして成功なし

クラスにはじめて協働学習を積極的に取り入れようとするとき、もしくは、前年度の担任教師があまり積極的に協働学習を実施していない状況で協働学習を導入しようとするとき、特に忘れてはいけないことがあります。それは、協働学習について繰り返し子どもたちに語り、その意義について理解させておくことです。協働学習とは、自分だけではなく、クラスのみんなと関わりながら学習することであることを伝えるようにしましょう。

また、低学年の場合には、学級通信や最初の保護者会などを活用して、保護者にも細やかな説明を行い、共有しておくことも重要です。

固定概念があるからこそ説明する

なぜ、そこまで丁寧に下地づくりとしての説明が必要なのでしょうか。それは、子どもにも保護者にも、「授業とはこうである」という固定概念が多少なりとも存在しているからです。そして、大多数にとって、無意識にその固定概念は正しいとされてしまっているのです。

もちろん、どちらが正解かという話ではなく、新しいことを進めるにあたっては、そうした状況を認識して整えておく必要があるのです。

目的が見えなければ前進できない

一般的に、人は「なぜ、○○しているのだろうか」と、理由が分からない状態を嫌うものです。それは、霧に覆われて前が見えない状態で車を走らせているようなもので、非常に大きなストレスとなります。

協働学習の取り組みをスタートさせる前段階で、ぜひ、繰り返し目の前の子どもたちにその目的・意義を語っていきましょう。「自分から進んで学習する力が身についていくよ」「友だちの考えや意見を聞くことで、自分の考えが深まり、内容の濃い学習になるよ」といった具合に伝えていくようにします。

ADVICE!

特に、子どもたちの将来において必要な力(自分でゼロからイメージしたものを具体化してつくり上げていく力など)が協働学習の積み重ねによって身についていくことを強調しましょう。

「ズレ」を意識させて知識・情報を共有する

協働的な学びに入る前には他者との「ズレ」を意識させましょう。ズレを意識させることは、子どもたちが自分たちで動き出す一歩になります。

「ズレ」の効果を活用する

なぜ「ズレ」が大切なのでしょうか。そもそも、人というものは、他とは違うといったズレが気になる性分であることを押さえておきましょう。

例えば、ある発問を出したとき、自分とは異なる立場の友だちがいれば、「どうして自分とは違うんだろう？」と自ずと興味・関心が生まれます。また、先に進んでいる友だちがいれば、「この取り組みの先にどんな困難があるのか知っているかな？」と教えてもらいたくなるものです。つまり、このズレを活用することで、個々の課題に気付き、その課題に向けたアクションを起こすことができるのです。

「同じ立場・違う立場」の友だちと対話する

例えば、子どもたちに「自分の意見は、Aですか？ Bですか？」という発問を出せば、すかさず自分の考えをAかBかに決めることでしょう。その後、「同じ立場の人と話しましょう」「違う立場の人と話しましょう」というように、自由に立ち歩きさせ、友だちとの対話時間を設けます。すると、「なぜ、同じなのか？」「なぜ、違うのか？」というズレを対話から認識して、探求する動きが出てくるのです。

進度がバラバラなグループを組む

単元内で時限をまたぐような課題（例えば、資料作成の課題など）をクラス全体で取り組むときには、あえて進度がバラバラの子どもたちでグループをつくるようにするのがカギです。

具体的には、グループの中で遅れをとっている子や追い付いていない子は、先に進んでいる子に「どうすればいいのか？」を質問することができます。また、先に進んでいる子は、「どうすればいいのか？」を説明したりコツを伝えたりすることで、自分の学びの復習になったり、理解をさらに深めたりすることにつながります。

ここが押さえどころ！

「ズレ」を活かす

立場のズレ（違い）が新たな気付きを生む

ペースのズレが学び合いを生む

ADVICE!

「ズレ」を意識する効果を最大限に引き出すためにも、「考えたことを自由に言える」「言いにくいことも言える」クラスの雰囲気・学習環境が欠かせません。協働学習は、学級づくりと一体です。

3 ポイント3

教師が対話を仕掛ける

「子どもたち主体」とはいえ、学習にスイッチを入れたり、仕掛けたりするのは教師です。ここでは、その仕掛け方を押さえていきましょう。

子どもの主体性は教師が育む

「個別最適な学び」「協働的な学び」といった子どもたちが主体となる学習で忘れてはいけないのが、「その主体性を育むのは教師である」というスタンスです。教師が指導に力を尽くし、工夫を凝らして子どもたちの主体性を育んでいくからこそ、「主体的に学習に取り組む態度」を教師が評価できるのです。

評価はいつも子どもたちの成長のためにあります。また逆に、評価は子どもたちの成長を促すための一手にすぎません。

「資料提示」と「発問」が学びのスイッチを入れる

では、具体的にどのようにして子どもたちの主体性を育んでいけばいいのでしょうか。それは、P.23でも述べたように、「知りたい」「調べたい」「やってみたい」という意欲を教師が引き出すことです。

具体的には、子どもたちに興味・関心を抱かせる資料提示(教科書の活用も含む)や、ハッと考えさせられる発問の提示です。そうした教師のアクションによって、子どもたちの学びのスイッチが押されるきっかけになっていきます。

「資料提示・発問」と「対話」を組み合わせる

　学びのスイッチを押すだけではなく、そこから子どもたちが自分で考え、学習のための取り組みを起こしていくためにも、資料提示や発問にさまざまな対話を仕掛けるのがポイントとなります。例えば、ペアで話すのか、グループで話すのか。または、自由に立ち歩いてさまざまな考えをもつ友だちと話すのかなど、子どもたちの状況に応じて資料提示・発問と関連させながら教師が選び、学習形態をデザインしていきましょう。

　同時に、どれくらいの時間をかけて対話させるのかも考え、設定していきます。こうした対話の時間が主体的な学びを育てます。

ADVICE!

ただ単に資料提示や発問を組み合わせるだけで対話が活性化するわけではありません。まずはペアトークから対話経験を積み重ね、次にグループ、さらには立ち歩きとトレーニングしていきましょう。

「一緒に作業」の時間をつくる

授業を協働的な学びへとスムーズにつないでいくために、欠かせない取り組みがあります。それは、「全体で一緒に作業をする」ことです。

教師が子どもの学習をデザインする

協働的な学びは、子どもたちの主体性がフルに発揮される（されなければならない）学習ではありますが、そのためにも教師が主導して子どもたちの学習を組み立てていくことが前提となります。

「主体的」だからと言って、子どもたちに学習をすべて任せたところで機能しません。教師の学習デザインや学び方の方向性の提示で、子どもたちは協働的な学びに取り組む力をつけていくのです。

その学習デザインの1つに「一緒に作業する」ことが挙げられます。

協働学習を焦らない

「一緒に作業する」とはどういうことでしょうか。それは「ある課題を提示した後に、すぐさま協働学習に移行しない」ということです。

例えば、ある課題を教師から説明する際、学び方についての具体的な方法も説明したとしましょう。そこまですれば、もう協働学習に入ってもいい状況のような気がしますが、しかしここでスタートするのはまだ早いのです。少しの時間でも、一度全体で一緒に課題に取り組む時間を取ることが成功の秘訣となります。焦らず、です。

「一緒に作業する」=「確認する」

　課題も学び方も提示しているのに、協働学習にすぐに移行してはいけない理由は何でしょうか。それは、子どもたちにとっては、まだ説明を聞いただけであって、実際に取り組んだ経験が得られたわけではないからです。実際に取り組んでみてはじめて、分からないことに気付けたり、教師に質問したいことが出てきたりします。

　そうした確認の作業は、全体で学習することによって行うことができるとともに、疑問点をあぶり出すことができるのです。だからこそ、「一緒に作業する」という時間が必要であり有効なのです。

ここが押さえどころ！

ADVICE!

この全体で一緒に作業する時間の中で、子どもたちの学習状況を把握するようにしましょう。子どもたち1人1人が課題を理解して学習に取り組んでいるかどうかを見てから協働学習に入るようにします。

5 ポイント5

フィードバックを送り合う

協働的な学びを定着させるだけではなく、その効果をより高めていくためにも、子どもたち自身でよりよくしていくシステムが必要です。

よりよくしていくための仕掛けとは

　協働学習のよいところは、子どもたちが自分たちで学習を進めることにあります。だからこそ、子どもたち自身でその取り組みをよりよくしていくような仕掛けが不可欠です。

　そのカギとなるのが、「フィードバック」。そもそもフィードバックとは、相手の目標達成に必要な問題解決や成長促進を目的として、軌道修正や動機付けを促すコメントを行うことです。これを、子どもたち自身がよりよくなっていくためのシステムとして仕掛けます。

学習中にフィードバックを仕組む

　協働学習の中では、成果物の交流を仕組むことがあります。それは、完成したときだけではなく、その途中段階も含みます。

　例えば、作文や習字の取り組み、リコーダーの演奏、さらには体育科の運動実践など、さまざまな場面が想定されます。そうした場面で、フィードバックを送り合うようにさせるのです。

　それにより、子どもたちは自分たちのよいところをさらに伸ばしたり改善すべき点を修正したりしていきます。

「よいところ３つ、伸びしろ１つ」のバランスで

　学習に取り組んでいる途中の場面を見極めて、教師が「フィードバックを送り合いましょう」とそのための時間を設けるようにします。

　その際、ペアやグループになって、相手の「よいところ＆伸びしろ（改善点）」を見つけ、伝え合うようにさせるのです。ポイントは、「よいところ３つ、伸びしろ１つ」くらいのバランスがいいでしょう。

　子どもたちは、友だちからのフィードバックを受けることによって、気付きや成長するためのヒントが得られます。またフィードバックする側もフィードバックをすることで成長できます。

ADVICE！

フィードバックをするには、①学習のポイントがしっかりとつかめていること、②それを友だちとの学習につないでいくことが必須条件です。フィードバックを送ること自体も、子どもの学びにつながります。

問題点を整理させる

協働的な学びを、子どもたちの意欲や夢中へとつなげ、豊かにしていくためには、問題点の整理によるメタ認知が必要です。

主体的な学びに不可欠な「メタ認知」

　現行の学習指導要領では、これまで以上に「子どもたちが主体的に学習に取り組むこと」が求められています。それは、学ぶことへの意欲や興味・関心などを高めていくにとどまらず、自分の課題や改善点などを自ら見つけ出し、それについて見直したり、新たな気付きを得たりしながら自分自身でよりよくなっていくことも含められています。

　そのためには、「自分で自分自身を知る」こと。つまり「メタ認知」の力が必要になってきます。

メタ認知は「振り返り」の積み重ね

　では、子どもたち自身でメタ認知ができるようにするにはどうしたらいいのでしょうか。メタ認知のためには、何よりも自分で自分を見つめることが欠かせません。そのための具体的な手立てとして、振り返りの活動を必ず設けるようにします。この取り組みを繰り返し行い、自分自身への気付きを積み重ねることでメタ認知ができるようになっていくのです。つまり、協働的な学びでは、「見通しをもつ→学習活動を行う→振り返る」のサイクルが重要視されます。

クラス全体で「自分たちの学び」を振り返る

　振り返りの活動は、通常、個人で行うことがほとんどですが、ときにはクラス全体の活動として行うことも大切です。「今の自分たちの学習状況はどうか？」「さらによりよく学べるクラスになるためには、どんなことが必要となるか？」などを、全体で話し合うようにさせます。そうすることで、子どもたちはクラス全体の学びの状況も振り返ることができます。個人としての気付きとともに、学習集団としての気付きも併せもつことで、クラス全員で一体感を抱きながら学びに向かっていく雰囲気をつくり出すことができます。

ここが押さえどころ！

自分の学びは……

個人で
振り返る

自分たちの学びについて

ときにはクラス全体で
振り返る

ADVICE！

個人ではもちろん、全体で振り返りをするときには、「よいところ：悪いところ＝３：１」の割合を意識させます。また、「悪いところ」はネガティブなものではなく全体を変えるチャンスであることを伝えます。

7 ポイント7

授業デザインとつなげる

子どもが主体的に進める協働学習だからこそ、それを支える教師の授業デザイン力が求められます。しっかりツボを押さえていきましょう。

授業デザインには条件が大切

　協働的な学びの充実には、教師の授業デザインが欠かせません。協働学習でもっとも大切なのは、「どのような条件下で子どもたちが学習するか」ということ。学びとその成長の質は、その時にどのような条件で学ぶかによって大きく左右されるのです。

　取り組みにおける条件をどのように組み合わせていくのかを、まずは教師自身がしっかりねらいをもって設定します。そうした教師からの条件提示に子どもたちが慣れてくれば、子どもと教師が一体となって具体的な学習方法や実践内容を考えていくことが可能になります。

取り組みの時間を明確に設定する

　授業デザインにおける条件について、まずは教師が意識すべきは「時間」です。①話し合いは何分行うのか、②課題に取り組む時間をどれくらいかけるか、③何時何分まで協働的な学びに取り組んでいいのか、これらを明確に提示することが重要です。具体的に時間提示を行っていくことで、子どもたちはその時間までにどのような見通しをもって学習に取り組むかを自分で計画できるようになっていきます。

46

誰と学ぶかをデザインする

「環境」の条件も欠かせない要素となります。この環境とは、「人的」「物的」の双方が含まれますが、なかでも人的な環境整備は大切な条件となります。つまり、固定化されたグループメンバーで取り組むのか、人数制限のある自由なメンバーで取り組むのか、あるいは、メンバー編成も人数制限もすべて自由で取り組むのか、その時の学習内容や子どもたちの状況によって組み合わせていきましょう。

「誰と学習に取り組むか」は、子どもたちにとって非常に大切な学習要因となるのです。

ADVICE!

もちろん「物的条件」も大切です。机は動かしてもいいのか、配置は自由にしていいのか、型を提示するのかなど、それらの条件の設定の有無も含めて、教師自身が条件を細かく設定していきましょう。

Chapter 2　決め手はここ！　「協働的な学び」を成功させる7つのポイント

Column 2

2・3・4年生での
協働的な学びの取り組みポイント

　2・3・4年生という学年は、どのような学年だと言えるでしょうか。

　さまざまな見方があるかと思いますが、1つ言えることは「高学年の学びの土台を築く時期」であるということです。この3学年のそれぞれの時期に、例えば子どもたちが話し合いながら授業を進めることが当たり前に育っていれば、高学年になっても子どもたちは積極的に意見を出し続けるでしょう。また、子どもたち同士で力を合わせる協働的な学びをたくさん経験し、その価値そのものを子どもたちが実感できていれば、高学年でもそれが当たり前のように実施されていきます（もちろん、高学年の担任の先生の引き出し方にもよりますが）。

　そのような協働的な学びの土台に厚みをつけていく学年だからこそ、以下の2点をしっかりと押さえることが大切です。

　・**協働的な学びを取り組むスキル**

　・**協働的な学びを取り組むための意義**

　「やり方」を伝えると同時に、「どうしてそれに取り組むのか」という意義をきちんと語ることを大切にしましょう。その2点を2・3・4年生の間に丁寧に取り組んでおくことが重要です。

　そして、もう1つ、忘れてはいけないことがあります。

　・**子どもたちが自分たちで学習をつくったという経験**

　「先生、○○してもいいですか？」「先生、私たちはこうします」という子どもたちの提案を積極的に受け止めていってあげましょう。この時期における自分たちがつくったというリアルな体験こそが、高学年になっての学びの原動力となっていくのです。

Chapter 3

どの子も主役に！
子どもが主体的に
学び出す学級づくり

協働学習は、子どもたちが
安心して過ごせるクラスがあってこそ、
その成果が生まれます。
ここでは、子どもたち同士が
学び合うためのベースとなる
学級づくりのポイントについて解説します。

協働的な学びは確かな学級経営から

ここまで度々触れてきましたが、協働的な学びを機能・充実させるには、子どもたちが安心して過ごせる学級づくりが絶対条件です。

その学習にどんな集団が取り組むのか

これまで学習と言えば、45分の授業案であったり、単元計画であったりと、授業時間の範囲内で考えられる傾向が強くありました。しかし、協働的な学びを進めていくためには、確かな学級経営という視点が欠かせません。

その学習を行う学級集団の状態や状況にしっかりと目を向けなければ、よりよい学習に取り組むことができないのは明白です。協働的な学びを充実させるには、学級経営とのセットが必須だと考えましょう。

「規律・友人関係・当番活動」の3つが大切

では、確かな学級経営とは、具体的にどういったものなのでしょうか。私自身は、「確かな安全・安心が確保されていること」「みんなが明るく仲良くしている雰囲気が当たり前にあること」「クラスとしてやるべきことは協力してきちんと取り組めること」を大切にしています。つまり、「規律」「友人関係」「当番活動」の3つです。

このいずれもが大切であり、連動していることをいつも頭に入れておきましょう。

ダイナミックな活動は確かな規律から

　特に「規律」は重要なファクターです。協働的な学びは、子どもたちに任せてダイナミックな学習の空間をつくり出します。だからこそ、規律が大切なのです。学習の中で、常に「ならぬはならぬ」を子どもたちが意識できていることや、子どもたちが規律からはずれたときには、教師はもちろん友だち同士で「ダメだよ」と言い合えることが大切なのです。

　学級経営の土台となる規律がしっかりしているからこそ、安心して学ぶことができます。

ADVICE!

子どもたちに学習を任せる度合いが大きければ大きいほど、規律を大切にしていきましょう。さらに、それを「いつでも軌道修正ができる」という子どもたちとの関係性が、クラスの中に安全・安心を生み出します。

2

朝の会で
「今日１日の見通し」をもつ

協働的な学びを加速させていくためには、教師がもつ情報をできる限り子どもたちと共有していくことが大切です。

情報を開示していく

　子どもに学習を任せていく協働的な学びでは、できる限り学習に関わる具体的な情報を子どもたちに共有していくという教師の姿勢が求められています。

　例えば、「この単元は何時間で学習をするのか」「この学習の評価基準は何か」「この後、どんな活動をするのか」といった学習の取り組みに関する具体的な情報を、できるだけ開示していきましょう。これまでは、教師側が指導の手札としてもっていた情報を、できるだけ種明かししていくようなイメージです。

朝の会での「連絡」を大切に

　情報の共有といっても、何から始めればいいのでしょうか。まずは本当に当たり前の取り組みではありますが、朝の会での教師からの連絡です。この当たり前のことが、じつは重要な役割を果たします。

　伝え方は、「１時間目は〜、２時間目は〜、……」というように１日の動きをできるだけ要点を整理していくことがポイントです。そうすることで、子どもたちは朝の段階で１日の見通しをもつことができ、自主的に動いていくこともできるようになります。

見通しをもつから自ら学び出す

子どもへの情報の共有を日常的に行っていくと、例えば、次のような子どもの変容が見られます。

朝の会の時点で、「3時間目は、調べ学習の続きを行います」と伝えておくとします。すると、3時間目が始まってから教師が何も言わずとも、子どもたちは調べ学習に取り組み始めるのです。これは、朝の会の時点で、「この前の続きの学習なんだな」と分かるからこそ生まれる意欲にあふれた学びの姿です。

ADVICE!

子どもたちに連絡をする際は、教師が「子どもたちにとってほしい行動」を具体的にイメージしながら伝えるようにしましょう。すると、自ずと具体的な表現で説明することになり、より伝わりやすくなります。

朝の会で「1日の目標」を宣言する

朝の会の中に「宣言」を取り入れることで、子どもたちの学びに主体性をもたせることができます。ぜひ、取り組んでみてください。

宣言を通して1日を確認する

　おすすめの実践に、「朝の会の1日の宣言」というものがあります。その内容はいたってシンプルで、「朝の会の中で子ども1人1人がその日1日について宣言する」というものです。低学年や中学年であれば、「今日、がんばりたいこと」「今日、楽しみなこと」と置き換えてもいいでしょう。宣言をするためには、「今日はどんな時間を過ごすのか」を、子どもたち自身が自覚できている必要があります。それを習慣化して、「その日1日」の活動を確認させるようにしていくのです。

宣言を通して「見通し」をもつ

　この「朝の会の1日の宣言」を行うことで、子どもたちは「今日はどんなことをがんばろうか」と自己選択・自己決定せざるを得ない状況になります。つまり、5時限か6時限ある時間割の中で、どの教科のどんなことをがんばっていきたいのかを選んで決めることになるのです。

　さらに、選んだ教科の時間で具体的にどんなことに取り組みたい（楽しみたい）のかを決めるため、「その時間の中で実際に何をするのかの見通し」を立てなくてはいけません。この経験の積み重ねが大切です。

朝の宣言は必ず誰かに話す

「朝の会の１日の宣言」は、必ずペアやグループで話をするようなかたちで進めていきましょう。その理由は、「全員が発表する」機会を保障するとともに、その体験の積み重ねが何よりも重要となるからです。また、人に話すということを通して、自分の行動をより具体的なイメージとしてとらえることができます。

さらに、２～３人の子どもたちを指名し、それぞれの宣言をクラス全体の前で発表する機会も設けましょう。朝から前向きな雰囲気をつくることができます。

ADVICE!

こうした活動を通しての子どもたちの変化は、日々、目に見えて変わるものではありません。１か月→１学期→１年間と、長いスパンで子どもたちの変化を見取っていくように心がけていきます。

配り物、係&当番活動、給食で協働の力を引き上げる

協働的な学びの素地を育む時間は、授業だけではありません。学級を運営していく日々の活動の中でも育まれていきます。

学級活動が協働的な学びの素地を養う

「学級活動が協働的な学びの素地を養う」と聞いて、納得することができるでしょうか。じつは、授業を子どもたちに任せていくための力は、クラスの中に存在する配り物や係活動、当番活動、給食などのさまざまな活動によって培われると言っても過言ではないくらい、その活動時間での取り組みは有効です。その理由は、協働的な学びには、友だちと協力することや1人1人の責任が欠かせないことによります。

それぞれの活動が、それらの力を日常的に育むのです。

学級活動にはゴールがある

学級活動が協働的な学びの素地を養う要因の1つに、明確なゴールがあることが挙げられます。「給食を配膳する」「窓を閉める」「電気をつける（消す）」「黒板を消してきれいにする」「ノートやプリントを配付する」などの活動には、「ここまで」という終わりがあります。子どもたちはこのゴールがあるからこそ活動に取り組むことができるのです。

ゴールが見えれば、見通しが立ちます。見通しがあれば、主体的に動くことができたり、子ども同士の協働が生まれたりするのです。

ハードルが低いからみんなで取り組める

またもう1つの要因として、学級活動は取り組み内容のハードルが低いことが挙げられます。ノートやプリントなどの運びやすいものの配付や、スイッチのオン・オフなど、やろうと思えば誰もがすぐにできる容易さも活動の魅力の1つです。

だからこそ、「気が付いた人から動いていこう」「何かをしてもらったらお礼を言おう」「みんなで声をかけてやろう」など、協働的に活動するための体験がしやすく、素地も養いやすいと言えます。

ADVICE!

低学年であっても、学級を運営するために必要な役割は教師がブレーキを踏みすぎずに、どんどんやらせてみましょう。積極性を育みながら活動することの楽しさが体感でき、学習にも大いに活かすことができるのです。

掃除で協働の力を引き上げる

学級活動と合わせて掃除も協働的な学びの素地を養うために大きな役割を果たします。子どもの学びへと効果的につなげていきましょう。

掃除は効果的に協働的な学びの素地を養う

　掃除当番は、協力することや1人1人の責任が欠かせない作業となるため、協働的な学びの素地を養うには最適な日々の取り組みとなります。「私がこっちをするね」「僕はこっちをする」「〇〇さん、あそこをやってくれない？」などと声をかけ合い、協力しながら進める場面が多く発生します。子どもたちのコミュニケーションがスムーズに進むようになることが、協働的な学びの素地を育てる機会になると言えるかもしれません。

　教師自身が、その効果を念頭に置きながら、明確な意思をもって掃除の指導にあたっていきましょう。

丁寧な掃除指導があってこそ

　学びにつながる効果的な掃除とするためには、教師の指導が不可欠ですが、そのときに意識したいのが、まずは1人1人の責任を全うさせること。担当となった場所や役割をきちんと果たしていくことを、掃除用具の使い方と合わせて丁寧に指導します。また、「誰がどこを掃除するのか」を、はっきりと指導する必要があります。あいまいな設定では、子どもたちも自分の役割に責任をもつことができないからです。

声をかけること&気付くこと

　掃除指導の次のステップとして重要なのが、声をかけ合いながら掃除することです。これを、「声かけ掃除」と呼んでもいいでしょう。こうして協力する力を養っていきます。

　さらに掃除においては、「ここが汚れている」と積極的に気付きのセンサーをはたらかせることも大切です。そうした「気付く力」も協働的な学びの素地となります。「○○さんに声をかけてみたら」「○○さんと一緒にやるといいんじゃない」など、意図的な言葉かけを行いながら意識的に育てるようにしましょう。

> ADVICE!
>
> 清潔な学習環境を整えるため、レベル①1人掃除、レベル②声かけ掃除、レベル③気付く掃除を子どもたちに提示して、掃除が当たり前のクラスの習慣となるよう指導していきましょう。

帰りの会で「1日の振り返り」を発表させる

1日の締めくくりとして、振り返りの時間を必ずもつようにしましょう。この振り返りの積み重ねも、確実に学習効果に直結していきます。

教師が意識的に振り返りを積み上げていく

子どもたちは、1日の学校生活の中でさまざまな経験をします。この経験を通して思考を養ったり、友だちと協力することの大切さを学んだりします。しかし、それは教師が子どもにしっかりと意識させるようにはたらきかけなければ消えてしまい、積み上がることもありません。だからと言って意識させる時間を多くとる必要もないのです。

そこで取り組んでいきたいのが、帰りの会での振り返り活動です。少しの時間でもその日の最後の取り組みとして習慣化していきましょう。

おしゃべりで振り返り

「朝の会の1日の宣言」と同様、帰りの会の振り返り活動も、基本は「おしゃべり」を通じて行います。司会の子どもには、「今日1日、楽しかったことやがんばったと思うことを隣の人と話しましょう」というセリフをあらかじめ提示しておきます。このように帰りの会のメニューとして設定しておくことで、毎日欠かさずに振り返りの機会をもつことができます。

話した後には、2～3人に発表させることも同様に行います。

振り返りを宿題にする

　帰りの会とは別に、もう少しじっくりと振り返りの機会をつくるには、宿題として日記を取り入れることもおすすめです。家に帰って文字にすることで、落ち着いて1日を振り返ることができます。

　テーマは、例えば「1日の振り返り」と大づかみなものとしてもいいですが、ときには「印象に残った授業」「友だちと協力して学べたこと」など、学んだテーマに合わせたり、気付きをもたせたい視点にしたりと変えていくことも効果的です。

ここが押さえどころ!

帰りの会で振り返りを!

ADVICE!

学年が上がれば上がるほど、じっくりと振り返る時間を設けるようにしていきましょう。特に高学年の子どもたちには、さまざまなことを自分なりに振り返ることができる力が育ってきているからです。

7 クラスに「会社活動」を取り入れる

会社活動を取り入れている学校が増えてきましたが、協力や創造することが楽しく学べる、まさに協働的な学びに直結する活動です。

協力・創造する活動から協働的な学びへ

　会社活動に取り組んでいる学校が多くなってきました。その目的はクラスの文化を高めることにあり、子どもたちが自主的にグループを組んで活動していきます。「あるとクラスが楽しくなると思うような活動」を子どもが自ら考え出し、自主性と協力を基本に取り組ませていくのです。例えば、「誕生日会社」「みんな遊び会社」「イラスト会社」など、子どもたちが創意工夫をこらして考え出したものを自らの力で実現させていきます。こうした活動こそが、協働的な学びへと確実につながっていきます。ぜひ、積極的に取り入れていきましょう。

会社活動に必須の3要素

　会社活動を盛り上げるためには、次の3要素が欠かせません。
- **時間：活動する時間がある**
- **場所：活動する場所がある**
- **物：必要な物がきちんと揃っている**

　まずは子どもたち自身にこの3要素を考えさせ、そして、物については教師が可能な範囲で揃えていくようにします。こうした過程で生まれる楽しい雰囲気は、協働的な学びの基盤となっていきます。

会社活動は協働的な学びのトレーニング

　会社活動を活発化させることは、協働的な学びの充実に向けての最適なトレーニングになります。そのためには、子どもたちの興味・関心のあることから自分たちの力で取り組ませ、自主活動に慣れさせていくことです。会社活動が盛り上がってくると、子どもたちは意欲的にさまざまなことにチャレンジしたがります。また、自分たちが創造したアイデアがどんどんあふれてくるようになります。
　こうした機会や環境を教師が積極的につくっていくことが大切です。

ADVICE!

会社活動を活発にする条件、「時間」「場所」「物」は、教師の積極的な姿勢により充実していきます。子どもたちの意欲が高まるように、できる限り提供していきましょう。

Column 3

高学年での
協働的な学びのポイント

　高学年の学習で、ぜひ意識してほしいことがあります。

　それは、「プロジェクト型で学習を進める」です。

　小学生の子どもたちは、高学年になると一気に論理的に思考をすることができるようになります。つまり、先の見通しをもって行動を決めることができたり、その活動の意義を自分たちで見出すことができるようになったりするのです。

　高学年ともなると、校内でもさまざまな役割があたえられます。例えば、委員会活動や児童会活動が始まったり、たてわり班活動でもリーダー的な役割を求められるようになったりというようにです。それによって、「自分たちの力で物事を進めることができている」「自分たちが最後までやり遂げた」という責任感や達成感を得ているわけです。だからこそ、「他の活動では充実感や達成感が得られるのに、授業ではいつも先生の話を聞いているだけ……」では、高学年の子どもたちは物足りなさを感じてしまいます。ただ単に、授業を受けるだけ、そして、授業自体が退屈なものになってしまうのです。

　高学年としての活動で充実感を得られる子どもたちだからこそ、授業もプロジェクト型に変えていきましょう。具体的には、「ゴールを子どもたちと共有する」「何ができれば OK なのかの指標を明確にする」「ゴールに向かうための条件を決定する」「その授業で、何ができれば達成なのか、その時にどんな項目をクリアしておけばいいのか」「まずは 1 人で挑戦するのか、はじめからグループで挑戦してもいいのか」など、ぜひ子どもたちとの対話で決めていってみてください。

　すると、高学年の子どもたちは、驚くほど授業に生き生きと取り組むようになっていきます。

ここが成否の分かれ道!
「協働的な学び」の進め方

協働学習を成功させるための
具体的なポイントを紹介します。
ここで紹介していくポイントは、
どの教科でも役に立つものです。
ぜひ、実際の授業の中で活用してください。

まずは「ゴール」を共有

協働学習の成否の第1要素は、何と言っても「ゴールの共有」です。ゴールがなければ、子どもたちはどこに向かえばいいか分かりません。

学びの充実に欠かせないゴール

授業において、ゴールを示すことの重要性は言うまでもありません。学習指導要領では常に「目標」が大切であることが謳われ続けてきました。それによって、実際の授業においては、子どもたちへの「めあて」を必ず提示します。このようにゴールを重要視するのは、目標や目的をしっかり定めることで、子どもたちの向かう先が示されるからです。子どもたちが未知のことを学ぶとき、その学びの定着や成長に不可欠のものがゴールなのです。

「期限・量・形式」の3セットでゴールを提示

協働的な学びでも、目標や目的をしっかりと提示することが、その成否を左右します。その際、「いつまで（期限）」「どれくらい（量）」「どのように（形式）」の3セットで具体的な行動レベルまで伝えることが大切です。例えば、「**次の授業までに、400文字の作文を、4段落構成で原稿用紙に書いて提出する**」というように、子どもたちが認知できる行動レベルでゴールを伝えていきましょう。

過程を指導する

　ゴールだけ示して「あとは自分たちで……」ではいけません。「小学生の子どもたちは自力で達成することができない」を基本スタンスにして、その単元で身につけるべき知識・技能の内容と合わせて、それをどのように理解させ、取り組ませていくのかを教師が教え導いていかなければならないのです。例えば、作文を課題に出すのであれば、その前段階として、題材の選び方や具体的な書き方まで、その過程をイメージします。それらを1つずつ丁寧に指導し、子どもたちに共有することで学習を任せていくことが可能になります。

ADVICE!
毎回の授業で教師オリジナルのゴール設定をするのは至難のワザです。そこで教科書をフル活用します。教科書のほとんどのページには、学びの意図や仕掛けのほか、子どもたちのゴールの姿までが盛り込まれているからです。

2 学習内容と人数設定を 事前に確認する

協働的な学びを実りあるものにするためにも、「何を学ぶのか」を丁寧に押さえ、事前に子どもたちとも共有していくことが大切です。

一度走り出すとストップがかけにくい

協働的な学びにデメリットがあるとすれば、それは、子どもたちが「学びの旅（つまり、子どもたちに任せた学習活動)」に入ってしまうと、なかなか指導の修正が利かないことです。

子どもたちがワッと動き始めてしまえば、その後、「ちょっと待って」「一度手を止めて」とストップをかけたところで、子どもたちは「やりたい！」「やるんだ！」という意欲全開のゾーンに入り込み、その勢いを止めることは至難の業です。そうした子どもたちの傾向をしっかりと念頭に置くことも教師として忘れてはならないことです。

教材分析がカギ

だからこそ、協働的な学びに「入る前」がとても重要です。この学習で何を身につけたり思考したりするのかを、しっかり子どもたちに伝えておく必要があります。そのためにも、教材分析の段階で、何を子どもたちに伝えるのか、または、伝えないのかを選別しておきます。

無駄なものを削ぎ落とすことで、しっかりと協働学習の時間を確保できるだけではなく、学ぶべきことを明確に伝えることができます。

68

それぞれの人数の効果

その学習の取り組みに適した人数を教師が設定することも重要です。具体的な人数の設定要素は、以下を参考に進めてみてください。

①1人：じっくりと自分の考えをまとめたり向き合ったりできる
②ペア：助け合いながら進めることができる
③グループ：いろいろな意見を出し合えたり議論できたりする
④自分（たち）で決める：子どもたちが完全に自己選択・自己決定できる

ADVICE!

「何を事前に教えておくのか」「どの人数で学習を進めるのか」を選定することは、教師の大きな責任です。同時に、回を重ねながら、少しずつ子どもたちにもどれくらいの人数が的確かを決めることができるように指導します。

3 机の配置を 取り組みに合わせて調整する

子どもたちの学習は、物的環境によっても大きく左右されます。そのため、その学習に適した机配置を駆使して学習環境を整えましょう。

机の配置で学習環境を整える

教室の中で展開できる机の配置にはさまざまな形があります。ぜひともいろいろな工夫を凝らしながら、学習内容に合った環境づくりを効果的に行っていきましょう。このとき、「なぜ、そういった机配置をするのか」という教師の明確な意図が重要です。そのためには、まずは机配置の種類と効果を知ることが大切です。種類と効果を知れば、指導の幅は広がっていきます。

人の話を聞くために効果的な机配置

教育の基本であり学習の出発点となるのが、「人の話をきちんと聞く」ことです。その基本を押さえた上で、以下の学習形態を効果的に用いていきます。

①講義型：机を前方に向けて前に立つ人の話を聞く。一体感が生まれ、情報を全体に正確に伝えることができる
②議論型：前4列の机を向かい合わせにする。子ども同士が顔を見合えることと黒板を見ることを同時に達成することができる
③劇場型：真ん中に大きな空間をつくる。真ん中で動作したり集まったりすることができ、ダイナミックに授業を展開できる

お互いの意見を交流させるための机配置

協働学習では、友だちの考えを聞いたり、お互いの意見を交流させたりすることが重要です。以下は、それを実現しやすい机配置です。

④全員議論型：全員がみんなの顔を見ることができる。黒板を使えないので、より話し合いに集中できる

⑤アイランド型（いわゆる班の形）：少人数のグループでディスカッションできる（3人でトライアングルという方法も）

⑥完全フリー型：子どもたちが思い思いに机を動かすことができ、それによって主体性がもっとも発揮される

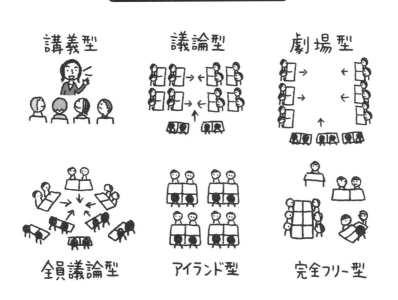

ADVICE!

まずは意図的にさまざまな机配置を体験させる授業を試してみましょう。実際にやってみることで、教師にも子どもにもたくさんの気付きが起こります。序盤は考えすぎずに、やってみることが大切です。

チェックポイントをつくる

一方的に説明・指示をして、子どもたちに任せていくだけでは学びが機能しません。学習のチェックポイントを示しましょう。

協働的な学びだからこそチェックポイントを

「作文を書いてみよう」「計算ができるようになろう」「調べたことをスライドにまとめよう」など、協働的な取り組みをどんどん子どもたちに任せていく際に気を付けたいことがあります。それが、教師のほうで適切なチェックポイントを設けることです。

長い時間をかけて取り組む課題であればあるほど、丁寧な視点で作成した学習のチェックポイントが必要です。

もしもチェックポイントがなかったら

チェックポイントの効果を理解するためにも、それがなかった場合のデメリットを押さえておきましょう。

①ずっと自分たちだけで進めているため、学習の達成感がない
②自分たちの学習ペースが速いのか遅いのかが把握できない

デメリット①は、学習へのモチベーションに関わる問題。デメリット②は、学習の見通しに関わる問題です。特に②は習得できる内容や活動進度に直接影響が及ぼされるため、要注意です。

学習手順をナンバリングする

　学習の見通しをもたせながら子どもたちに協働学習を進めさせるためには、具体的な学習の手順を明らかにしてナンバリングし（①……、②……、③……、④……）、子どもたちと共有します。それによって子どもたちは、「今、自分は②の段階だな」「今日は③をやり切るぞ」といったように、状況把握や見通しをもつことができるのです。

　そして、適宜、教師から「今、どの番号をやっているか教えてください」と確認を入れましょう。それぞれの子どもたちの位置を把握でき、子ども自身が学びの進度を測れます。

ここが押さえどころ！

④文章完成

③文章を書く

⑤見直し

②組み立て

⑥タイトルを決める

①テーマ決め

学習のチェックポイントをつくろう！

ADVICE!

なぜ、デメリット②はより一層の注意が必要なのか。それは、学習自体に苦手意識をもつ子は、学習を任されたときにどうしていいのか分からず、ただいたずらに時間だけが過ぎてしまうからです。

Chapter 4　ここが成否の分かれ道！　「協働的な学び」の進め方　73

5 役割をもたせて 状態をチェックする

協働的な学びでは、グループの子どもたち1人1人に役割をもたせて いくことが重要です。その役割が効果を発揮する場面を紹介します。

方法を知るから自由にできる

　特に協働的な学びを取り入れたばかりの初期段階や、まだそうした学 習自体に子どもたち自身も慣れていない状況でこそ、この役割の「設定」 と「明示」が大切になってきます。

　じつは子どもたちは、「自由にやっていいんだよ」と言われると、喜 ぶどころか、困惑して動くことができないことがままあります。それ は、自主性がないのではなく、方法自体を知らなかったり取り組み内容 を知らなかったりするだけなのです。そうした状況を前進させていくた めにも、役割をもたせることが大切です。

「誰が」と「何を」を明確にする

　例えば、理科の実験の場面です。まずは、準備の段階で、「誰が、何を持っ てくるのか」という分担を話し合わせてみましょう。こうした場を設け なければ、1人の子だけでどんどん進めてしまったり、押し付け合いに なってしまったりして、いつまでたっても準備は完了しません。

　もしも、子どもたちだけでの準備がまだ定着していなければ、教師が 「班の中の1番の人、取りにきましょう」とするのもいいです。

74

役割でグループは活性化する

　また、算数科の学び合いの場面では、丸付けができるコーナーをつくることもおすすめです。そこには、教科書の「朱書編」（子ども用の教科書に解説や答えなどが書かれているもの）などを置いておいて、子どもたち自身で丸付けできるようにするのです。

　ただしその際、「班の中で丸付けコーナーに来るのは1人だけ」というルールにします。コーナーで丸付けをした子どもが班に戻り、メンバーに丸付けをしていくように役割をもたせ、グループでの学びを活気づけていくのです。

ADVICE!

教師から指示を出して準備を進めていく際には、あらかじめ班のメンバーに番号を決めて伝えておきます。「3番さん、取りにきましょう」「次、4番さん」とすれば、役割と指示を明確に伝えることができます。

6 進み具合を共有していく

子どもたちに学習を任せるときには、進捗状況を可視化していく必要があります。その理由と工夫を押さえていきましょう。

学習進度や学習内容は違って当たり前

　子どもたちが協働的に学び合っている教室では、それぞれの子どもたちの学習進度や学習内容が異なる状況が当たり前のように見られます。だからこそ、1人1人の子どもたちは、「今、自分は○○をがんばっているんだ」と自覚しながら意欲的に取り組むことができるのです。そうした状況を教師が意図をもって加速させていくためにも、「学習進度や内容がバラバラ」である状態を、まずは教師自身がきちんと整理し、見極めていく必要があります。

進捗が分かるから対話・学び合いが生まれる

　協働的な学びを充実させていくためには、子どもたちにも、「誰が何をしているのか」が可視化されている状況をつくることが重要です。それが共有されていなければ、何かを友だちに質問したり教えてもらおうとしたりしても誰に尋ねればいいか分かりません。つまり、お互いに何をしているかが分からなければ、独りよがりな学びとなり、協働的な学びにはなりません。それを防ぐためにも、「今、○○さんは～～をがんばっている」というお互いを知り合える状態を設ける必要があるのです。

進捗を知り合う方法

　お互いが何をしているのかを知り合うには、具体的にはどうすればいいのでしょうか。すぐに簡単にできるのが、黒板を使う方法です。イラストのように図解化したり、子どもたちの名前を書いたマグネットなどを活用して、黒板に誰が何をしているのか、または、誰がどこまで進んでいるのかが分かるようにします。

　また、ICTを活用し、Webブラウザ上の電子黒板などを用いながら図表にしてクラスで共有するのもおすすめです。体育科の授業では、取り組みの場所自体を進捗状況として可視化していく方法もあります。

ここが押さえどころ！

一目見て、誰が何をしているのかを共有する！

ADVICE!

高学年になると個の意識が高まり、進捗状況を知られることを嫌がる可能性もあります。その際は、進捗状況を公開する理由を先に伝え、さらに、子どもたちに公開してもいいかの確認を丁寧に行います。

7

子どもたちの経験に合わせて
教師が助言する

協働的な学びを充実させ、さらに子どもの取り組みや成果をレベル
アップするためには、やはり教師の言葉かけがカギとなります。

どんな教育法でも「成長させる」意識を

　「子どもたちに学びを任せる」ことイコール「子どもたちを放任する」
ことではありません。子どもたちに学びを任せるという教育手段を用い
て子どもたちをより成長させていくのが協働的な学びのねらいです。

　もちろん、どのような学習法であれ、子どもたちを成長させることが
前提であることに変わりはありません。だからこそ、教師が常にブレる
ことなく指導していきましょう。

教師は子どもたちの伴走者

　「成長させる」スタンスと併せて、教師は子どもにとってどのような
存在であればいいのでしょうか。昨今は、「伴走者」という表現がよく
聞かれます。具体的には、引っ張っていくだけでもなく、後ろから支え
るだけでもなく、一緒に走っていく（＝学んでいく）感覚をもって子ど
もたちと関わるようにしていくといいでしょう。

　そうすることによって、教師自身もこれまでとは異なる関わり方に気
付きを得ながら、確信と手応えをもってスキルアップしていくことがで
きます。

いつも「ちょっと上」を意識する

　教師が子どもたちにとっての最強の伴走者となるためには、子どもたちの状態や学習経験を踏まえて関わっていかなければいけません。それには、言葉かけや問いかけを駆使しながら子どもたちに伴走していく必要があります。その際、子どもたちが「何を経験していて、何を経験していないのか」をいつも頭の中に入れておくことが重要です。その意識があることによって、子どもたちへの言葉かけや問いかけが変わります。

　同時に、いつも「ちょっと上」に引き上げるようないざないを仕掛ける視点で声かけをしていきましょう。

ここが押さえどころ！

ADVICE!

伴走者として子どもたちと関わるということは、子どもの目線に立ちつつ、教師のちょっと前を走らせていくようなイメージです。教師が先頭で走ってしまっていては、子どもたちの様子は見えません。

Column 4

協働的な学びを活性化する
教師の言葉かけ

　協働的な学びを進めるにあたっての理想の状態とは、どのような状態でしょうか。

　それは、「教師が何も言わなくても子どもたちが主体になって質の高い学習を進めている」という状態です。協働的な学びを進めていくのは子どもたちですし、その子どもたちが自分たちの学習を自分たちで進めていくのは当然と言えば当然でしょう。

　ただ、まったく指導をせずに、そのような状態になるわけではありません。そうした状態になるには教師の指導が必要ですし、言葉かけが必要になります。

　では、協働的な学びの場面では、どのような言葉かけをすれば効果を発揮するでしょうか。それは、「教師の思う望ましい学びの姿を見つける」ことです。もちろん、場合によっては教師の想像を超えるような子どもたちの姿に出会うこともありますが、それは教師が「こんな学習の姿になってほしいな」という願いが前提にあってこそです。

　「1人の力では解決できないなと思ったときは、友だちに自分から声をかけよう」

　「助けを求めている友だちがいたら、すぐに教えてあげよう。教えることで自分も学ぼう」

　「みんなで話し合うことを通して、自分たちの考えを生み出そう」

　「できたと思っても、そこからが大切。友だちの考えと比較しよう」

　「この時間の学びを、自分でデザインしてみよう」

　そんな言葉をかけていきます。これらは、私自身が思う優れた学習者像でもあります。教師が「こんな姿で学んでほしい」という思いや願いがあるからこそ、子どもたちに伝わる効果的な言葉かけが生まれるのです。

Chapter5

「もっと学びたい！」が飛び交う教室に！教科別実践事例

本章では、教科ごとのポイントを
解説していきます。
実際の授業でフル活用できる
ポイントばかりですので、
日々の授業の中で実践していってください。

漢字&音読学習

漢字&音読学習は協働的な学びの取り組みの第一歩にふさわしい学習です。この取り組みから協働的な学びに慣れさせていきましょう。

いつの時代も漢字・音読は学習の基礎・基本

　GIGAスクール構想の推進により、教育現場も新たなステージに突入しましたが、それでも小学校における子どもたちの学習の取り組みにおいて、漢字と音読は学力形成の土台として欠かせません。昔から「読み・書き・そろばん」と言われていますが、漢字と音読は日本の教育において「読み・書き」を担う非常に大切な学習となります。

　しかし、具体的な学習法についてはアップデートする時期であり、ここにも協働学習が欠かせません。学び合う視点がカギとなります。

新しい漢字を習った直後に

　漢字学習と言えば、「ノートに黙々と書き続ける」「１人で集中して学習する」というイメージが思い浮かぶことでしょう。もちろん、そうした取り組みの時間も大切ですが、子ども同士で行う学習機会が基礎力をさらに引き上げます。例えば、「習った漢字を相手の背中に書く」「ヒントを出し合いながら漢字を当てっこする」などといった学習を少しの時間でも取り入れるようにします。すると子どもたちは、急にスイッチが入ったかのように目を輝かせ、楽しんで学習します。

音読でも一工夫

音読の学習というと、「クラス全員で一斉に読む」「みんなで順番に読む」という時間も大切ですが、そこから協働学習へとつなげる工夫もあります。例えば、ペアになって音読したり、グループで音読したりする方法です。その際、「一斉読み」をはじめ、「一文交代読み」「役割読み」「ダウト読み」などのバリエーションを加えながら取り組ませましょう。

子どもたちはクラス全員での音読以上に声を大きくしながらはりきって音読します。

ここが押さえどころ!

ペア音読

グループ音読

音読は学びの基礎!

ADVICE!

漢字＆音読学習において反復練習が大切です。そのためにも、さまざまなバリエーションを教師自身が知っておくことが重要になってきます。子どもたちを飽きさせない協働的な取り組みも仕掛けていきましょう。

2 ▶ 国語科
初発の感想

単元の最初に行う「初発の感想」をもとにする授業。じつは、ここに協働的な学びにおける大切な要素が詰まっています。

「初発の感想」の重要性

　国語科において、初発の感想の実践はずいぶん前から取り組まれてきたものです。具体的には、物語文を最初に読んだ後に、「はじめて読んだ感想を書きましょう」という実践です。

　子どもたちは、物語文を読むと、それぞれに感性を研ぎすませ、想像力をはたらかせながら、感想や意見、さらには疑問をもつようになります。子どもたちの初発の感想には、学びと成長の「種」が潜んでいるのです。それを教師は見落とさず、拾い上げて授業を組み立てていきましょう。

教材のもつ力を知る

　研究授業などでこうした初発の感想を書かせる実践を紹介すると、必ずと言っていいほど「子どもたちに学習内容を任せてしまっていいのですか？」という質問をいただきます。つまり、教師が子どもたちの初発の感想に頼ってしまっては、教えるべきことが教えられないのではという疑念です。

　しかし、そうした心配はまったく必要ありません。そもそも教科書に選定された教材は、「子どもに教えるにふさわしい」という視点で収録されています。授業は、教材のもつ力を信じることから始まります。

先生を全力で応援します！

2025.1

授業・校務がより速くクリエイティブに！
さる先生の実践Canva
■坂本 良晶[編著]　定価2,200円（税込）

授業から学級経営、校務の効率化まで！ Canvaのあらゆる活用法がこの1冊でわかる！ いままで大変だった仕事がすべてラクになって驚くほどスピーディーに！ そしてさらにクリエイティブなものに変わる！ 具体的な実践事例が満載！

授業・校務が超速に！
さる先生のCanvaの教科書
■坂本 良晶[著]　定価2,090円（税込）

Canvaが教師の仕事を変える！「配布物や掲示物、さまざまな学級ツールが超カンタンにつくれるようになる」「授業で子どものアウトプットにも使える」すごいデザインツールCanvaの使い方が1冊でわかる！

教師の仕事がAIで変わる！
さる先生のChatGPTの教科書
■坂本 良晶[著]　定価2,090円（税込）

ChatGPTについて、その使い始め方から仕事での使いこなし術までがわかる！ Chat GPTに授業案を考えさせ、アウトプットの叩き台を作らせ、表計算や、複雑な調整案づくり、文書の校正・チェックまで、さまざまな仕事をさせる具体的事例を網羅！

学陽書房　〒102-0072 東京都千代田区飯田橋1-9-3
TEL. 03-3261-1111　FAX. 03-5211-4293

弊社HPはこちらから　FB X Instagram やってます！

子どもの聞く力、行動する力を育てる！
指示の技術
■土居 正博[著]　定価2,090円（税込）

良い指示の例と悪い指示の例が○×イラストでよくわかる！「指示の基本」と「指示を通して子どもを自立させる方法」までくわしく解説。

映える！＆すぐ作れる♡
教室で役立つほめられアイテム
■金子 真弓[著]・樋口 万太郎[監修]　定価2,090円（税込）

「かわいい！」と子どもが喜ぶ！　保護者や同僚にもほめられる！
子どもにしっかり生活ルールや学びのルールがわかってもらえる！
学校生活に役立つアイテムをいっぱい詰め込んだ1冊。

新装版
授業がうまい教師のすごいコミュニケーション術
■菊池 省三[著]　定価2,200円（税込）

教師のコミュニケーション力が、毎日の指導の成否を左右する！「ほめ言葉のシャワー」などの実践で有名な菊池先生の超ロングセラーが新装版として登場！

新装版
いま「クラス会議」がすごい！
■赤坂 真二[編著]　定価2,200円（税込）

誰でも始められる、カンタンな「クラス会議」の始め方がわかる本！

新装版
トップ1割の教師が知っている「できるクラス」の育て方
■吉田 忍・山田将由[編著]　定価2,145円（税込）

コーチングでクラスが変わる！　子どもが自分達で問題を解決し、クラスがまとまる！

若い先生にオススメ

新卒時代を乗り切る！
教師1年目の教科書
■野中 信行[著]　定価1,760円（税込）

「仕事のやり方」「新年度・新学期の準備」など、教師の基本的な仕事内容とそのコツを紹介！これから教師になる人、教師1年目の人、初任者指導の人にオススメ！

新年度ここで差がつく！
教師1年目のスタートアップ
■髙橋 朋彦[著]　定価1,980円（税込）

写真や画像つきで教師の仕事、学級づくり、授業づくりのポイントをわかりやすく紹介！とりわけ新年度の仕事について詳しく伝える、初任者必携の1冊！

新任1年目なのに、
学級担任が驚くほどうまくいく本。
■中嶋 郁雄[著]　定価1,760円（税込）

ここだけはおさえたい！
教師1年目の授業づくり
■野中 信行[編著]　定価2,090円（税込）

教師3年目までに身につけたい！
子どもが動く叱り方のルール
■城ヶ﨑 滋雄[著]　定価1,980円（税込）

マンガでわかる！
はじめての担任 お仕事BOOK
■こちゃ[絵]・野中 信行[監修]　定価1,870円（税込）

若い教師のための
1年生が絶対こっちを向く指導！
■俵原 正仁・原坂 一郎[著]　定価1,980円（税込）

「けテぶれ」シリーズ

事例でわかる！教師のための
けテぶれ 実践ガイド！
■葛原 祥太[編著]　定価 2,200円（税込）

「けテぶれ」（計画・テスト・分析・練習で学びを進める）の実践事例満載！どんなクラスでも導入できる方法がいっぱい！

「けテぶれ」授業革命！
■葛原 祥太[著]　定価 2,200円（税込）

「けテぶれ」宿題革命！
■葛原 祥太[著]　定価 1,980円（税込）

あそび101シリーズ

■三好 真史[著]　定価1,760円～2,530円（税込）

読み書きが得意になる！対話力がアップする！
国語あそび101

学校が大好きになる！小1プロブレムもスルッと解消！
1年生あそび101

仲よくなれる！楽しく学べる！
2年生あそび101

やる気が育つ！学びに夢中になる！
3年生あそび101

「読む」「書く」が育つ！国語力が楽しくアップ！
漢字あそび101

楽しく数学脳が鍛えられる！ワークシートで便利！
算数あそび101

授業にそのまま使える！スキマ時間に最適！
図工あそび101

どの子も好きになる！楽しみながら話せる！
英語あそび101

パソコンなしで学べる！思考法が楽しく身に
プログラミングあそび101

運動嫌いの子も楽しめる！体力アップに効果絶大！
体育あそび101

意見が飛び交う！体験から学
道徳あそび101

子どもがつながる！クラスがまとまる！
学級あそび101

特別支援に使える！教室で
SSTあそび101

学習集団としての自立性を育てる

「(学習内容は)子どもたちから出しても、教師から出しても、一緒なのではないか?」という考えもあります。これは誤った考えです。

子どもたちが自らの学習方法や内容を選択したり、みんなで話し合いながら考えを練り上げたりするなど、自分たちで学びを生み出すことができることは、子どもたち自身が学ぶことに対して自立性をもっている証しです。この自立性は、積み重ねていくことで着実に育ち、協働学習の揺るぎない土台となります。子どもたちが学習内容を考えることに、大きな意味があるのです。

ADVICE!

教材の「指導事項」に、子どもたちは自ずと気が付いていくものです。例えば、オノマトペを習う教材であれば、最初の音読から作者の工夫に反応する感性をもっているのです。教師はこの気付きを見逃さないようにします。

作文を書く

子どもたちがそれぞれに思いを綴る作文指導を、協働的な学びの重要な実践につなげることができます。

子どもたちの「思い」を引き出す

国語科の代表的な実践の1つとなる作文ですが、中には「作文指導は教師にも子どもたちにも負荷が大きい」といった理由から苦手とする先生もいるかもしれません。もちろんそういった側面もありますが、子どもが自分の考え・思いに気付いたり整理したりする作業を通して論理的思考力を育んでいくと同時に、日本語による表現力を鍛える重要な学びです。そして、その考えや思いを引き出すカギとなるのが、友だちの存在なのです。

基準をつくる

作文指導においては、子どもに「ある程度の量」を書く力を身につけさせることが大前提となります。「難なく書ける」「たくさん書ける」といった力が備わっているからこそ、子どもは自分の考えや思いを作文にまとめ、表現できるのです。

書く力を伸ばす方法の1つに基準の設定があります。例えば、「200文字以上でB」と決め、それを基準として「400文字以上でA」「200文字しか書けなかったらC」とすると、子どもは一気にギアを上げていきます。

すべての子が書けるようになるために

　しかし、教師がその基準を示すだけでは、すべての子どもたちを軌道に乗せたとは言えません。自力で書ける子は、基準をクリアしようとして書いていきますが、そこにまだ届いていない子は、立ち往生したり、そもそも作文の時間に苦手意識を抱いてしまったりします。

　その解決策として、協働的な学びを取り入れるのです。グループ学習を活用して、子どもたち同士で作文の書き方を教え合う時間を設けたり、考えや思いを引き出すインタビューに取り組ませたりするのです。こうした仕掛けで、すべての子が書きたいと思う環境をつくります。

ここが押さえどころ！

基準をつくる！

協働的な学びを取り入れる！

ADVICE!
作文を協働的な学びとして成立させるためには、まずは「書くポイント」を教師が指導します。事前に教科書から書くポイントを抽出し、子どもたちにそれを具体的に提示していきます。

4 ▶ 社会科

「気付いたこと・疑問」を共有する

社会科は、さまざまな資料を活用することでダイナミックな授業展開を行うことができる教科です。資料を使って協働的な空間をつくりましょう。

教科書のさまざまな資料をフル活用する

　他の教科にはない社会科の特質は、何と言っても資料を読み解く学習活動ではないでしょうか。社会科の教科書には、写真、グラフ、図表、インタビュー記事などさまざまな資料が掲載されています。この教科書の資料の情報力を活用しながら、子どもを主体的・協働的な取り組みに導いていきましょう。

単元の扉ページをフル活用する

　資料活用の基本としてはずせないのが、まずは単元の扉のページにある大きな写真です。ほぼすべての単元で、見開き2ページを用いた大きな写真が掲載されているはずです。この冒頭の写真をどれだけ教師が活用できるかがキーポイントとなります。

　「写真を見て、気が付いたことや疑問に思うことは何ですか?」と、広く聞くことからスタートしてみましょう。それだけでも、子どもたちからはたくさんの意見を引き出すことができます。

2つの資料を活用する

　もちろん、資料の活用はそれだけではありません。教科書の同じページ内に、複数の資料が並べて掲載されている場合があります。例えば、「人口は減っていない」「出すゴミの量は減っている」などです。このとき、「2つの資料を見比べて気が付いたことは？」「どうして人口は減っていないのに、ゴミは減っているんだろう？」と、教師が積極的に切り込んでいくことで、子どもたちを深い思考へと導きます。
　そのタイミングで、グループで個々に気付いたことや疑問に思ったことを共有させ、子ども主体の探究的な学習へと取りかからせます。

ここが押さえどころ！

資料からの気付きを学びに活かす！

ADVICE!

写真を見て引き出される考えや意見は、単元内の学習内容に関わる大切な視点が含まれているケースがほとんどです。そうした意見が活発に出るような仕掛けが教科書の資料にあることを理解しておきましょう。

5 ▶ 社会科

子ども同士で調査してまとめる

社会科といえば「調査」です。GIGAスクール構想が一気に加速し、子どもたちは自分たちで自由に調べることができるようになりました。

自分で調べられる学習環境を活かす

　GIGAスクール構想によって、子どもたちの学習環境は一変しました。それは1人1台端末の導入であり、子どもたちがいつでも知りたいと思う情報に自分でアクセスできる環境になったということです。それ以前は、自分たちから情報にアクセスできる環境は図書室くらいでしかなかったのが、自分の手元で瞬時に多くのことが調べられる状況へと変わったのです。

　こうした学習環境を効果的に活用しない手はありません。

GIGAスクール構想で変わった環境を活かす

　子どもたちが自分自身で調査できる学習環境となったからには、「調べる時間」の確保が欠かせません。そして、子どもたちは、自分たちの力による調査を経験すればするほど、そのスキルは目覚ましいほどに高まります。逆を言えば、その経験が十分に得られなければ、子どもたち自身で学習内容を調べたり、掘り下げたりする意欲は一向に上がってこないということです。

　GIGAスクール構想で得た恩恵を協働的な学びにフル活用していくためにも、教師が意識してそうした活動を取り入れていきましょう。

90

「調べる」ことにどう向かわせていくか

　しかし同時に、気を付けなければいけないこともあります。なんとなく「調べてみましょう」では、子どもたちは一見楽しそうに調べてはいても、深い学びには至らないからです。教師が「調べる」ことに対する意義や課題を明確にもたせなければなりません。

　Chapter 5-4でも紹介した教科書に掲載された資料や写真などを読み取る学習活動を通して、自分たちが今回調べたいことをしっかりと焦点化させ、「なぜ調べるのか」という意義を明確にもたせる導きも教師の大切な役割となります。

ADVICE!

社会科にはじめて出合う3年生では、まずは、調べたものをどのようにまとめていくのかというところまでを丁寧に指導するようにしましょう。その基礎づくりは、以降の学びに確実に活きていきます。

6 ▶ 算数科

問題を教え合う

問題を教え合うことは、協働的な学びの入門とも言えます。協働的な学びのイメージをつかむために、算数科から導入するのもおすすめです。

学び合いの入り口に最適

算数科の特質の1つに、「答えがはっきりしている」ことが挙げられます。これは、その他の教科と比べるともっとも特徴的であると言えるでしょう。同時に、答えがはっきりしているからこそ、協働的な学びの手始めとして取り組みやすいのです。

子どもたち自身も、答えが明確であるからこそ、「取り組みやすい」「納得しやすい」となり、それによって「学び合いがしやすい」と感じて学習に取り組むことができるのです。

答えは教えないルール

この「答えがはっきりしている」という算数科の学習において、よりよい協働的な学びにするためにも、必須のルールがあります。それは「答えを決して教えない」ことです。答えは明確でも、その答えを簡単に教えてもらえない学習環境であるからこそ、子どもたちは問題に真剣に取り組み、その思考はフル回転します。

また、教える側の子どもたちは、「答えを教えずにどのように友だちに説明をするのか」という思考を深めることができるのです。

どの子にも有能感をもたせる配慮を

ただし、そうした算数科であるからこそ、気を付けなければならないことがあります。それは、苦手な子どもに「自分はできないんだ」と思わせないことです。教え合いの時間に全体を見回すと、「いつも教えられてばかり」という子どもがいます。

そうした子どもたちにも、「自分はできる」と思わせるための配慮が必要です。苦手意識をもたせてしまうと、子ども自身が成長を止めてしまうからです。教師からの言葉かけやサポートとともに、ペアやグループ内での役割を固定化しないなどの配慮・仕掛けが重要です。

ADVICE!

子どもたちに有能感をもたせるための手立てとして、「分からないことを人に聞けていて、えらいね！」などといったプロセスをほめる言葉かけを教師が積極的に行っていくといいでしょう。

7 ▶ 算数科

自分の考えを発表する

問題の読み取りや解き方を考える場面などでは、「自分の考えを人に説明する」ことが相手意識を育て、協働的な学びを活性化させていきます。

算数科の特質をフル活用する

算数科では、学習内容によって「それぞれの解き方を発表し合う」という場面があります。そのときこそ、全体で解き方や考え方を交流する、まさに協働的な学びの象徴的な場面が生まれます。

教科書で、複数の解き方が掲載されているページでは、子どもたちそれぞれの考えを共有する時間を十分にとりたいものです。具体的には、子どもたちのノートを電子黒板に提示したり、考えを黒板に書かせたりする方法があります。

相手意識をもってノートを書かせる

子どもたちが豊かに考えを共有し合い協働していくためにも、「個別の学習時間」が欠かせません。まずは、ノートや端末を通じて自分の考えをまとめる時間を十分に確保しましょう。その時間がさまざまな考え方や正解への道のりへの思考を生み出す時間になります。

書く際には、「友だちに自分の考えを伝えるつもりで」などの指示を入れるのも重要です。「相手意識」がノートを変えていくのです。

発表が終わったら、必ず確認の時間をとる

　では、子どもたちが自分の考えを共有していく場面では、具体的にどのようなことを大切にすればいいのでしょうか。それは、「質問したり、確認を行ったりする時間を設ける」ことです。

　誰かの発表が終わったら、すかさず教師が「質問はありませんか？」と投げかけたり、「〇〇さんの発表の内容が分かった人」と聴き手の理解度を確認したりするようにします。特に、「分からない」と言った子がいる場合には、発表者以外の子に説明を求めることがポイントです。

ADVICE!

理解度を確認するためには、どれだけの子が安心して「分からない」と言えるか、そうしたクラスの雰囲気を日頃からつくっていくことが重要です。「分からないが言える大切さ」を、日々語っていきましょう。

実験や観察で役割を分担する

実験や観察を行う学習では、グループ学習が基本になります。協働的な学びを成功させるためには、何よりも役割を明確にすることです。

グループ学習の基本は役割分担

　理科の学習では実験や観察が主体となります。もちろん、理想は1人1人がじっくりと観察や実験ができることですが、設備的にも時間的にもなかなか現実的ではないでしょう。そのため、多くの実験や観察はグループで行うことがほとんどです（1人1人で観察や実験ができる学習内容では、その実現を優先します）。

　グループで行う実験や観察の大原則は、役割分担をすること。それによって学習成果が得られやすく、意見・考えの共有も同時にできて有効です。役割分担の効果をフル活用して学習に取り組ませましょう。

事前に教室で役割を決める

　例えば、「流れる水の働き」の単元で校庭の土山から水を流す実験がありますが、そもそも校庭の土山スペースが十分にないという学校も少なくないでしょう。こうしたときも役割分担をすることで、「目印の旗を立てるのはAさん、水が流れる様子を撮影するのはBくん……」というように、子どもたち1人1人を主体的に学習に参加させることができます。あらかじめ教室で役割を決めた上で実験現場に向かって実施するようにするのです。準備を教室で進めておくことがカギです。

事前に役割を決める効果

　実験や観察に入る前に役割を決めておくことで、どのような効果があるのでしょうか。1つは、学習がスムーズに進むということです。教室であれば落ち着いて話をすることができますし、何よりも事前に決めておくことで子どもたちは見通しをもつことができます。

　また、実験・観察がスムーズに進むからこそ、どの子も集中して学習を進めことができるのです。実験や観察は、事前の役割分担が学習成果を引き上げる最大のポイントなのです。

ADVICE!

当然ながら役割分担は教室で行います。外に出たり、理科室に行ったりする段階では、「やりたい！」という気持ちが高ぶり、気持ちが抑えられない子が続出してしまいます。

9 ▶ 理科

考察やまとめを一緒につくる

実験や観察がグループでの協働学習ならば、考察やまとめは全体での協働学習と言えるでしょう。グループと全体のバランスが大切です。

どの過程でも「成長させる」意識を

多くの子どもたちにとって理科の授業は楽しみなものです。それは、実験や観察を通じて実際に物に触れたり確かめたりすることができるからです。しかし、「楽しい」だけで終わってしまっては、「活動あって学びなし」にほかならず、子どもたちの能力・成長を育むことはできません。グループで協働学習したことをふまえて、まとめではクラス全体での協働学習で練り上げることが、子どもたちの学びをより深めて、次の学習へとつなげていくことができるのです。

結果を体験させる

「実験や観察の結果は、各グループほぼ同じになるのだから、最後のまとめや考察などは不要なのではないか」という考えの先生もいらっしゃるかもしれません。実際、やってみると、ほとんどのグループで同じ結果になります。教科書にもはっきりと「～～のようになる」と結果も書かれています。そのこと自体を確かめることが理科の学習です。

自分のグループも他のグループも、そして、教科書も、すべて同じ結果だったという体験が大切なのです。

いつも「ちょっと上」を意識する

「みんな同じ結果になることを確認する」とは、つまり「信憑性を高める」ということです。物事を明らかにするには、1人だけ、または1グループだけがそのような結果になったからといって、決して「それが正解である」とは言えません。やってみた結果、どのグループも同じになっているからこそ、「この結果は〜〜と言える」となるわけです。

1つの取り組みにおいて、直接的な結果だけではなく、少し上から俯瞰するような視点を子どもたちにも教えていきます。その方法を子どもたちにも学ばせることが重要です。

ADVICE!

実験や観察後の「結果の交流」には時間がかかりますが、ここは急がず丁寧に行うようにしましょう。他のグループの実験や観察の様子がどうであったか、具体的な状況も含めて共有させることも大切です。

10 ▶ 音楽科

歌をうたう

歌をうたう学習と協働的な学びは相性抜群です。友だちとの練習から個々のスキルアップはもちろんクラスに高め合いの空気が生まれます。

音楽指導が苦手な先生ほど協働的な学びがカギに

　私自身、正直、音楽科授業の指導が得意とは言えません。まったくと言っていいほど音楽の専門性がないからです。楽譜を読むのも、子どもたちと同じレベル程度。幼い頃から習いごととして専門的に学んでいる子どもたちには敵いません。

　しかし、それでも卒業式の歌唱指導を含め、音楽科の授業をなんとか指導し続けられているのは、やはり協働的な学びを駆使できているからだと言えるでしょう。

形態を工夫する

　歌唱指導においては、教室での授業であれば「自席で前を向いてうたう」が基本となりますが、うたう形態そのものを見直し、ペアの友だちと向き合ってうたったり、グループで円になってうたったり、さらには全員が教室中央を向いてうたったりといろいろなパターンで取り組むことがポイントです。

　同時に、距離のとり方にもこだわりましょう。例えば、ペアで向かい合う際、離れてうたえば、声量を引き上げたりなどの工夫ができます。

100

子どもたちの力を借りる

声の出し方や口形の指導は、上手にできている子どもたちに協力をお願いするようにします。具体的には、みんなの前に立ってもらって声の出し方の見本を示してもらったり、「○○さんのように口を大きく開けましょう」といってモデルになってもらったりするのです。

こうして子どもたちの力を借りることを教師が取り入れていくことで、「友だちがやっているから自分もやってみよう」というポジティブで意欲的な雰囲気が教室中に高まってきます。

ADVICE!

高学年の行事に向けた指導場面では、特に「何のためにうたうのか」と目的や意義についても考えさせていきましょう。「おうちの人を感動させたい」「平和の大切さを伝えたい」などを確認することが大切です。

11 ▶ 音楽科

リコーダーの
スキルアップをはかる

音楽科の技能系学習の代表と言えばリコーダーです。子どもたち同士の学び合いがうまく機能すると、子どもたちの技術もめざましく進歩します。

よいことづくめの協働学習

リコーダーの学習場面では、技能習得の時間をしっかり確保したいものです。このとき、子どもたち自身に技能向上を目的として協働的に学習を任せていくことは、授業の効率化はもちろん、子どもたちの学習満足度も高める最善かつ効果的な方法です。

教師からの"やらされている感"がなくなるだけではなく、子どもたち同士の学び合いによって競争心がくすぐられるとともに、スキルアップも実感できる絶好の機会となります。

全体指導で教師の専門性を発揮

子どもたち同士による技能習得のための学び合いをたっぷりと確保したら、そこまでの学習をさらに充実させるためにも、「先生のポイント解説」は欠かせません。特に音楽科の特性を考えると、「どんな音やリズムがいいと言えるのか」を全体指導でしっかりと押さえておく必要があります。

子どもたちが協働していく時間をより一層効果的なものにするためにも、教師による教科書にのっとった指導が重要なカギとなります。

合格システムの導入

リコーダー習得のステップアップのためには、システムを活用することも重要です。つまり「どういう状態で合格」とするのかを、子どもたち同士で確認し合えるようにするのです。

例えば、「先に合格している3人の人に合格と言ってもらえたらOK」などというようにします。こうしたシステムを用いることで、習熟の基準を下げることなく、子どもたち同士の学び合いをより高めることができます。

ADVICE!

最初の合格者は、教師が認定するのが基本です。それによって、子どもたちも「先生が認めた確かな合格者」として1つの基準が得られ、子どもたち同士での演奏判断をスムーズに行うことができます。

12 ▶ 図画工作科

グループで協力して
作品を作り上げる

図画工作科には、作品を黙々と作るイメージがあるかもしれません。しかし、机の配置を工夫すると協働的な学びが自然に生まれます。

図画工作科でも協働的な学びを

図画工作科では、画用紙に向かって絵をじっくりと描く、色を丁寧に塗る、造形物を集中して作るなど、単独で行う作業が多いのが実情です。もちろん、そのように1人でじっくりと集中しながら作業を行う取り組みも大切ですが、ずっと1人ではなかなか完成に至らず、作る喜びを味わいきれないこともあります。

そうした学習状況に変化を起こしたり、子どもの学習満足度をアップさせたりしたいときにこそ、協働的な学びを取り入れていくことをおすすめします。

グループ形態で作業を加速

色塗りの学習を行う際の机配置を一工夫するだけで、協働学習が機能し出します。一斉型の机配置で全員が前を向いたかたちで取り組むよりも、グループのかたちにしたほうが一気に子どもたちの筆は動き出します。友だちがどのような色使いをしているか、どのような塗り方をしているかなど、それぞれの作業を間近で見ることができるからです。これが子どもたちの学習のヒントになるのです。

ギャラリーウォークをやってみる

　作業の途中で、ギャラリーウォークの時間を取ることも効果的です。ギャラリーウォークとは、それぞれの机に自分の作品を置き、それを子どもたちが歩き回りながら鑑賞し合う時間のこと。この時間を、作品づくりの途中で組み込みます。

　子どもたちは友だちの作品を見ることで、さまざまに刺激を受け、工夫のヒントや自分の作品についてのさらなるイメージをふくらませ、再び自分の作品作りに熱意をもって向かうことができるのです。

> **ADVICE!**
>
> ギャラリーウォークの場面では、「人の作品をさわらない」「静かに鑑賞する」というルールを徹底させましょう。これは、美術館におけるマナーと同じです。集中した環境で友だちの作品を味わうのです。

13 ▶ 図画工作科

作品をフィードバックし合う

図画工作科の醍醐味でもある要素として相互鑑賞があります。これも協働的に進めることによって学習効果が一気に上がるツボがあります。

作品作りと同じように大切したい時間

相互鑑賞は、作品作りと合わせてとても大切な学習です。子どもたちが一生懸命に取り組んで生み出した作品を丁寧に鑑賞していく時間を子どもたちにもたせたいものです。

子どもたちの作品は、それぞれがもつ独自の表現・感性から生まれた貴重なものです。鑑賞前にはそのことの価値についても子どもたちに理解を促し、「世界に1つしかないその子ならではのかけがえのないもの」であることをしっかりと語り伝えていきましょう。

ギャラリーウォーク×付箋メッセージ

具体的に、相互鑑賞の時間はどのようにして進めればいいのでしょうか。例えば、Chapter 5-12でも紹介したギャラリーウォークにさらに追加して、「友だちの作品のまわりにメッセージを書いた付箋を残していく」という方法があります。

友だちの作品を見て、素直に「いいな!」「すごい!」と思ったことを中心にメッセージとして残していくのです。この付箋は、子どもたちが自宅に持って帰ることもでき、振り返りにも有効なツールになります。

付箋メッセージをデジタルで

　前述の付箋の実践を、デジタルで行う方法もあります。デジタル付箋の機能が付いたツール（例えば、ティーファブワークスの「ふきだしくん」など）の真ん中に作品の画像を貼り付け、そのまわりに付箋をどんどん付けて書いていくという方法です。

　デジタルツールを活用して行えば、大量の付箋メッセージを友だちの作品に送ることができます。また、操作は子どもたち自身で画像の貼り付けなどを行うようにさせれば準備もほとんどいりません。

ADVICE!

デジタル付箋で実践する場合も、まずは必ず実際の作品をリアルで子どもたちが鑑賞してから行うのがポイントです。画像だけでは本物のよさは伝わりません。作品の真の魅力を伝えることに意味があります。

14 ▶ 体育科

それぞれの技を見合う

体育科の授業の中でも、特にマット運動や跳び箱運動、さらには鉄棒などの器械運動を中心とした学習では、協働学習が機能します。

テクニカルポイントを協働学習につなげる

　音楽科などと同様に、体育科でも技能系の学習では、協働学習に取り組みやすい教科です。それは、完成形が明確であることによります。具体的には、それぞれの運動におけるテクニカルポイントをしっかり押さえれば、技の成功確率がグッと上がります。

　この点を踏まえて、協働学習で技をみがき合う授業をデザインしてみましょう。

システム導入で流れをつくる

　体育科の特質を協働学習の中で効果的につなげていくために取り組みやすいのが、子どもたち同士で技を見合うというシステムを導入することです。例えば、マット運動であれば、自分の演技を友だちに見てもらい、自分の演技が終わったら次は友だちの演技を見て、再度演技の列に並ぶといった流れをつくっていくようにします。

　すると、子どもたち自身にも、「演技をする→見る」というサイクルが自然に身につき、子ども主体の学習環境がつくられていきます。

子ども同士で技のポイントを教え合う

　子ども同士で演技を見合うとき、実際にどのような対話が生まれるといいのでしょうか。それは、やはり演技のポイントをもとにした対話です。そのためにも、クラス全体への指導の際に、教師が丁寧に演技のポイントを説明していくことが欠かせません。

　ここでしっかりとポイントを理解できているかどうかが（運動として表現できるかどうかは別として）、体育科における良質な対話の分岐点となります。

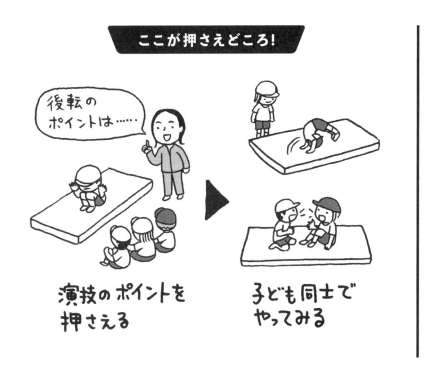

ADVICE!

テクニカルポイントを教師が分かりやすく伝えられているかどうかで、クラス全体としての学習の質は大きく変わります。技ができることと、コツが言語化できるかどうかは別だからです。

15 ▶ 体育科

協力してゲームを進める

体育科では個人の技能を高めるだけではなく、友だち同士でチームとして協力しながらゲームを進める力も大切になってきます。

チームプレイこそ協働学習を効果的に用いる

体育科の授業で多くの子どもたちが楽しみにしているのが、「ゲーム系」「ボール系」などのチームでの学習でしょう。ポートボール、サッカー、バスケットボール、ソフトバレーボールなどのほか、リレーなどの「競争系」の取り組みも大いに熱狂します。

しかし、こうした学習にも工夫が必要です。得意な子、上手な子ばかりがリードしていくのではなく、不得意な子、苦手な子をうまくサポートし合いながらどの子も夢中になれるようにしなければなりません。

苦手意識をもつ子への配慮とサポートが不可欠

どの教科でも同じですが、「苦手意識」をもった子どもたちは必ずいます。特に、体育科の授業ではそれが顕著に現れます。そのため、苦手意識をもった子どもと得意だと感じている子が同じチームとなって勝敗のつく学習に取り組むときには、苦手意識をもつ子に対する配慮が必要です。状況に応じた教師の言葉かけや場づくりをはじめ、運動に対して苦手意識がある子が積極的に関わることのできるルール設定など、さまざまな工夫をこらしていきましょう。

場づくりを工夫することで巻き込む

　運動に苦手意識をもつ子が積極的に関わることができる工夫は、大きく２つあります。１つは、ルールを工夫することで巻き込む方法です。例えば、「チーム全員が点数を入れるまでは１人２点以上取ることができない」や「点数を取った子はいったん交替する」などとするのです。

　もう１つは、思考系の学習で関わりを強める方法です。ゲームのポイントをもとに作戦会議に積極的に参加できる機会をつくるなどです。

　子どもたちだけではどうしても中心になる子が決まってしまうため、教師の工夫で関わりや巻き込みの仕掛けを設けることが重要です。

ここが押さえどころ！

ADVICE!

運動に苦手意識をもつ子が作戦会議などに参加できるようにするためには、教師のほうからゲームのポイントを明示したり、全員が発言できる設定やルールを取り入れたりすることも大切です。

16 ▶ 特別の教科 道徳科

教材から感じたことを共有する

道徳科の授業では、1年を通して大切にしたい視点があります。それは、子どもたち自身が感じとったことを大切にしていくことです。

道徳科でもっとも大切にしたいこと

道徳科の学習は、教材を読むという点では一見国語科と似ていますが、大きく異なるのが「子どもたちの感性」を中心に据えていくところです。道徳性は大人になったから蓄積されていくというものではなく、子どもたちは子どもたちなりの、そして大人は大人なりの感性によって醸成されていきます。だからこそ、子どもたちの中にある感性を大切にし、ともに学ぶ仲間と年間35時限（1年生のみ34時限）の道徳科授業を通して、成長を引き出し合っていくことが重要となるのです。

子どもたちの感性を大切にするとは

では、道徳科の中で具体的にどのように子どもたちの感性を大切にすればいいのでしょうか。それは、「教材を読んで心が動いたところを共有する」から出発するということです。

子どもたちは道徳科の教科書に収録されている話を好んで読みます。そしてその際、それぞれの感性をはたらかせ、いろいろな考えや意見、さらには疑問を抱いていきます。こうしたさまざまな「感性」を共有することで、子どもたち同士の対話へとつなげていきましょう。

112

📖 教材との出合いをきっかけに

多くの先生方から、「子どもたちに自由に発言させて授業のねらいに向かうことができるのか」といった質問をいただくことがありますが、心配はありません。教材には内容項目が設定されており、学習指導要領の要件が満たされるように作成されています。一方で子どもたちは、自分自身の経験だけではなく、友だちの考えや気持ちなども参考にしながら自身の思考を深め、教材に対する意見をもちます。

つまり、「教材との出合い」をきっかけに、子どもたちは自然に学習のねらいへとどんどん向かっていくのです。

ADVICE!

子どもたちの感性を引き出しながら授業を進めるためには、教師による事前の教材分析と板書計画が大切になります。その上で、子どもたち1人1人の感性を受け止め、対話を通して思考の深まりを促していきます。

17 ▶ 特別の教科 道徳科

話し合いを通じて練り上げる

教材との出合いから子どもたちの感性を表出させたら、次は、対話を通して思考を深めていきます。この積み重ねで道徳性を育んでいきます。

練り上げて学びを深める

Chapter 5-16で述べたように、道徳科の教材との出合いから子どもたちの感性を引き出していったら、次のステップとして「話し合いを練り上げながら学びを深めていく」ことが重要です。

子どもたちの感性は、ただ引き出しただけでは深い思考にはつながりません。引き出された感性をもとに、どう深い思考に結びつけていくかが教師の腕の見せどころです。

「傾聴」し合うクラスに

深い思考につなげる話し合いとするためには、子どもたちから発せられる「声」をしっかりと聴き取り、キャッチすることです。この「しっかり聴く」とは、頷きや相槌を入れながら、目線を合わせて聴き取っていくこと、すなわち「傾聴」です。できるだけ教師自身の考えや偏見を入れずにフラットに子どもたちの声に耳を傾けていきましょう。

このような姿勢を教師自らが見せていくことで、教室全体に「人の意見を丁寧に聴く」という雰囲気をつくっていきます。

114

子どもの意見に切り返す

　声を聴くことと合わせて大切なことは、「意見に切り返す」ことです。具体的には、子どもが意見を言った後に「ここは深く聴いていきたいなぁ」と感じた場面では、「どういうこと？」「詳しく教えて？」などと意見に切り返すかたちでさらに深く聴き取っていきます。そのためにも、まずは教師が子どもたちの意見に興味をもつことが大切です。

　話し合いの時間では、グループの状況を見ながら、そうした練り上げていく話し合いが活発に行われるように教師が言葉をかけながらサポートしていきましょう。

ADVICE!

声を聴くと同時に、その声を板書に残していくことも重要です。特にキーワードになる言葉は大きく書き出したり、意見のポイントに線を引いたりして、黒板を活用したアクションも起こしていきましょう。

18 ▶ 特別活動

自分たちの課題を解決する

特別活動としての学級活動は、協働的な学びを促進するとても大切な時間です。話し合いを積み重ねながらクラス全体を活性化させます。

特別活動としての特質を活かす

　学級活動は、教科の取り組みとは異なり、多くの子どもが非常に意欲的に参加します。なぜ子どもたちは学級活動に意欲的になるのかというと、その時間がおもしろいことは言うまでもなく、自分たちのことを自分たちで話し合うことができる時間だからです。ある種の切実感をもって関わることができるのが何よりも大きな要素であると言えるでしょう。この学級活動の特質を教師自身が改めて認識し、しっかりと活かしていきましょう。

すべての子どもの学校生活に関わる話し合い

　学級活動では、どのようなことが話し合われるでしょうか。例えば、「次にみんなで遊ぶ内容を決める」「今の自分たちのクラスにおける課題を見つけて解決策を話し合う」「次の学校行事に向けて大切にしたいことを決める」などなど。これらは、どれも子どもたちの学校生活に密接したものばかりです。クラス全体で協働的に話し合う時間をしっかり確保することで、友だちと協力して活動していくことの充実感・達成感、さらには有用感へとつなげていきます。

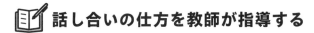
話し合いの仕方を教師が指導する

　学級活動の話し合いを充実したものにするためには、国語科との連携が非常に重要です（学年によっては話し合いの流れやスキルが、学習内容として取り扱われています）。また、話し合いのやり方自体は、教師が丁寧に指導していきましょう。

　具体的には、司会、記録（黒板に書く）、計時（話し合いの時間をコントロールする）などの役割を決め、「テーマ（課題）の確認」「意見を出し合う」「具体的な行動を決める」といった流れで進めていきます。

ADVICE!

低学年の場合、最初は教師がお手本として司会はもちろん黒板への記録なども行います。その後、話し合いの流れをしっかり提示した上で、徐々に子どもたち自身に任せていくことが重要です。

19 ▶ 総合的な学習の時間

みんなで目的を共有する

総合的な学習の時間の醍醐味は、プロジェクト型で進めることです。これによって横断的・総合的な学習の実現へとつなげていきましょう。

総合的な学習の時間＝協働的な学び

総合的な学習の時間の学習では、「実際に地域の人に発表を聞いてもらう」「自分たちの考えた商品名で商品を売り出してもらう」など、いわゆる「プロジェクト型」で学習を進めるケースがあります。子どもたちにとっては、こうした取り組みは大きな楽しみと本物の緊張感が味わえる時間となり、他教科にはないダイナミックな学習となっていきます。

このダイナミックさゆえに、総合的な学習そのものが協働的な学びであると言っても過言ではありません。

常に明確な目的を

以前、勤務校の区長さんに学校に来ていただき、子どもたちの発表を聞いてもらう取り組みを行ったことがありました。その際、ゲストティーチャーを招聘することを含め、子どもたちの学習環境づくりにはかなりの労力を要した経験があります。こうしたセッティングは、もちろん教師にとって負担がないとは言いませんが、しかし、貴重な総合的な学習の時間です。だからこそ、「何のために学習するのか」という目的は教師と子どもで明確にしておくことが必須です。

他教科以上に目的意識を高める

　総合的な学習の時間の目的を見失ってしまうと、まさに「活動あって学びなし」で終わってしまいます。子どもからは学習満足度が得られないのはもちろんのこと、教師の疲労感も相当なものとなることでしょう。そして、そうした状態では、来ていただいたゲストティーチャーの方々にも、子どもたちが本当に届けたい願いや思いは通じなくなってしまいます。

　他教科では得られない学びや成果があるだけに、他教科の授業以上に「目的は何か」をくっきりとさせた上で取り組んでいくことが重要です。

ADVICE!

目的を決める際には、まずは子どもたちとの対話の時間をしっかりと確保します。「なぜその学習をするのか」「その取り組みを行った後にはどんな成果が生まれているといいのか」など具体的に話し合います。

20 ▶ 総合的な学習の時間

共同編集機能で
チームワークを発揮する

総合的な学習の時間をより実践しやすくしたのがGIGAスクール構想の推進です。この学習では、デジタルツールをフル活用しましょう。

GIGAスクール構想以前の実態

　総合的な学習の時間は、たくさんの時間をかけて1つの学習に取り組みますが、一昔前の発表形式のほとんどは大きな模造紙に手書きするなど、アナログ主体で行われてきました。成果物を発表する時間は子どもたちの成長の場となりましたが、一方で、何時間もかけて作られたポスターなどが数分の発表時間でその役割を終えてしまう非常に残念な状況もありました。貴重な学習時間を圧迫する原因であったとも言えるでしょう。

GIGAスクール構想によって後押しされた学習環境

　GIGAスクール構想が加速している現在において、子どもたちには1人1台端末があり、それによって総合的な学習の時間も大きく充実させることが可能となりました。例えば、情報収集にはインターネットをフル活用することができるようになりましたし、情報整理にはPowerPointなどのスライド機能を身近なものとして活用することができるようになりました。

　これらのデジタルツールによって、学びの環境が整ったとも言えます。

共同編集機能をフル活用

特に学習効率を一気に高めてくれたのが、共同編集機能です。最近ではほとんどのツールに共同編集機能がつくようになりましたが、この機能を子どもたちと共有し、どんどん活用していきたいものです。

ただし、気を付けなければいけないのが、人数が多すぎると作業が煩雑化するということです。せっかく作ったのに誤操作で消えてしまうということを防ぐためにも、協働グループは5人程度で構成することがポイントです。

ADVICE!

1、2年生であれば、生活科の時間が3年生以上の総合的な学習の時間と同等と考えてもいいでしょう。学ぶ題材は決まっていますが、その取り組み方や学び方にはたくさんの共通点があります。

Column 5

これからの小学校教育における
一斉学習のメリットとは

　「個別最適な学び」「協働的な学び」、さらには「GIGA スクール構想」など、教育界はこれまでの授業観からさらなるアップデートが求められるようになりました。教室を見渡してみても、ずいぶんと授業中に子どもたちが話し合う姿が見られるようになりました。令和 2 年度からスタートした現行の学習指導要領も 5 年ほど経ち、それによる一定の変化・効果が見られるように思います。

　では、一斉指導はもう古い指導であり、ダメな指導なのでしょうか。

　そんなことは決してありません。それよりも、一斉指導がきちんと機能するクラスだからこそ、協働的な学びが活きるのだと私自身は思っています。

　協働的な学習を進めていると、途中で「ちょっと聞いて！」という場面が生まれます。それは、授業の軌道修正であったり、モデルとなる子を全体で紹介したりする場面です。こうして、進んでは立ち止まることを繰り返して、協働的な学びの質を高めていくと私はとらえています。

　また、その教科ならではの「見方・考え方」は一斉指導の中だからこそ獲得することができます。子どもたちが「見方・考え方」を獲得していないままに子どもたちに任せる学習に入ってしまうと、活動は一見活発そうにしているけれど、思考が浅く、何も身につかないという危険性もあります。

　協働学習の質を高めるには、良質な一斉指導が欠かせません。

　このことをしっかりと念頭に置いていきましょう。

Chapter6

メリット盛りだくさん！
これからの時代に不可欠な
「協働しながら学ぶ力」

協働的な学びは、
子どもたちが生きていく上でも
欠かせない力です。
毎日の協働学習を
社会や未来とつなげていく
コツやヒントを紹介していきます。

1人1人が自分らしく みんなと自由に

「個」が尊重される時代。他者を思いやる素地がつくれる協働的な学びは、そうした時代にもっともフィットした学習法だと言えます。

ウェルビーイングに注目

2023年に出された「第4期教育振興基本計画」の中には、ウェルビーイングという言葉が繰り返し用いられています。同資料には、ウェルビーイングについての具体的な説明も併せて記されており、日本型ウェルビーイングとして、「個人」と「集団」双方のウェルビーイングがあると解説されています。どちらのウェルビーイングであっても、「個人がよりよい状態にある」という視点ははずれません。

厚生労働省が目指すウェルビーイングとは

そもそも、この日本型ウェルビーイングとは、どのようなことを示す言葉なのでしょうか。厚生労働省の資料(「雇用政策研究会報告書」2019年)によると、「「ウェル・ビーイング」とは、個人の権利や自己実現が保障され、身体的、精神的、社会的に良好な状態にあることを意味する概念」と記されています。

協働的な学びにおいては、個人のペースや興味・関心、さらには友だちや地域とのつながりを感じながら探究的な学習や体験活動を進めるとあり、その実現のためにもウェルビーイングがカギとなることは言うまでもありません。

学びを自己のキャリア形成とつなげる

　さらに文部科学省は、現行の学習指導要領で主体的・対話的で深い学びの実現に向けて「主体的に学習に取り組む態度」が必要であると打ち出し、そのポイントを「学ぶことに興味や関心を持ち、**自己のキャリア形成の方向性と関連付けながら**、見通しを持って粘り強く取り組み、自己の学習活動を振り返って次につなげる「主体的な学び」が実現できているか」（＊太字筆者）としています。あらゆる他者を価値ある存在として尊重しながら、さまざまな人と関わりをもって学び、その学びを自身のキャリア形成へとつなげる大切さを教師が強く意識したいものです。

ここが押さえどころ！

個も集団もよりよい状態に!!
Well-being

ADVICE!
協働的な学びでは、子ども同士のチームワークやお互いの感性・考えを刺激し合うことが大切になる場面が多くあります。その学習の最終段階においては個人の学びにつなげるという視点を忘れてはいけません。

2 自律とコミュニケーション力が引き出される

今後は「いかに自分（たち）で価値を生み出せるか」という視点が必須です。自分以外の他者との学び合いは、そうした視点づくりに役立ちます。

これからの時代の「仕事」とは

これからの日本は、人口減少などの影響で社会のあり方がますます大きく変わってくることでしょう。戦後の高度経済成長の時代では、つくればつくるだけモノが売れたといいます。そして、それを土台にして経済が力強く回っていました。

しかし、これからの時代はそうではありません。有形・無形を問わず、「どのような価値を生み出すことができるか」という仕事が多くなっていくことが予想されています。

「つくり出せるか」がカギになる

これからの時代においては、「言われたことをする」というだけでは価値が得られないということです。つまり、その先を見据えて、「あたえられた情報や条件の中から、いかに自分たちで価値付けしたり、システムなどを構築したりしていくのか」ということが必須となってきます。課題に対して、決まりきった正解はなく、目的に向かった正解を自分たちなりにつくり出していくことが求められます。それを目指して学校教育も行われていかなければなりません。

「生み出す」を日常的に

　協働的な学びでは、自分（たち）でテーマを決めたり課題を決めたりする場面が多くあります。また、その解決方法については、自分（たち）に委ねられることも少なくありません。言い換えれば、自分（たち）の力で「価値を生み出す」「正解を生み出す」ことが日常的に求められるということです。

　小学生の段階では、すべての学習が「価値を生み出す」ことになるとは言えませんが、意見を出し合って解や方法を見つけ出す学習は、その助けとなります。

ADVICE!

このような「学びの変換」は、保護者にも積極的に発信・共有していくようにしましょう。「学びとは何か」についてを共通認識とすることで、子どもたちへのよりよい教育を充実させることができます。

3

多様性を認め合えるクラスづくり

協働的な学びを取り入れると、子どもたちの個性が大きく開花していきます。その個性を認め合い、尊重できるクラスをつくりましょう。

協働的な学びの時間が個性をみがく

協働的な学びに取り組む時間では、ある種「教師の手綱」をはなれ、子どもたちが自分たちのペースで進めていきます。つまり、一斉授業下での「教師」という絶対的かつ強い存在からの影響を受けずに、自分たち自身でクラスの空気をつくり、学習を進めていくことになるのです。

そうした時間をたくさん過ごすことによって、それぞれの個性は発揮されます。

個性を認め合うよさを教師が語り続ける

「個性を発揮する」ことはとても素晴らしいことですし、これからの時代においては、その個性をさらにみがいていく必要があります。ただし、個性とはそもそも人によってもちろん違いがあるものであり、さらに多様化することが基本です。つまり、「違い」があることが前提なのです。

「個性」「違い」「多様性」……についての認識は大人でもなかなかに難しいところではありますが、子どもたちとも日々共有し、ともに考えていくことが必要です。そうした地道な基盤づくりがなければ違いはいっこうに認識できず、衝突も回避することはできません。

128

道徳科の授業を活かす

　個性を認め合うためには、常日頃から教師自身が個性を大切にしたり、個性を大切にすることを語ったりすることが不可欠です。

　また、その具体的な実践の1つとして、道徳科の時間を活用する方法がおすすめです。道徳科には、「個性の伸長」という内容項目があり、各学年の教科書の中に1～2つは「個性」について扱っている教材が収録されています。それをフル活用して、個性を認め合う授業を行い、話し合いをはじめとした協働学習を行いながら、子どもたちの「意識」の芽生えと育みに力を尽くしていきましょう。

ADVICE!
学級づくりの基盤をつくる4月や5月の段階で、「個性の伸長」を扱う道徳科の授業を実施することも1つの効果的な手立てです。道徳科を意図的に学級づくりへとつなげていきましょう。

自治的なクラスへと成長させる

協働的な学びを積み重ねると、クラスがどんどん自治的な集団へと成長していきます。授業での取り組みの成果は、確実にクラスを高めます。

協働的な学びの経験が自治力をつける

ここまで度々述べさせていただいた通り、協働的な学びの時間では、子どもたちに「学びの手綱」を渡していきます。それが常態になれば、グループごとによる学び合いでも、クラス全体による話し合いでも、子どもたちは自分たちの手で学びをつくり上げようとします。

そうした子どもたちが主体となった学習を経験すればするほど、子どもたちは自分たちのクラスを自治的に進めることができるスキルをどんどん身につけていきます。

日常的な取り組みが何より大切

子どもたちに協働的な学びの機会を日常的にあたえることの一番のメリットは、「その経験が蓄積される」ということです。イベント的に協働的な学びを取り入れたところで、子どもたちの経験は十分とは言えず、自分たちでクラスを運営していこうとまで考えることはないでしょう。

協働的な学びを日々の取り組みとして定着させてこそ、「自分たちで進めるのが当たり前」「自分たちで決めるのが当たり前」というクラスへと育っていきます。

学級活動の様子を見る

　では、協働的な学びの経験をどの場面で発揮すれば、「自治的なクラスへと育ってきているなぁ!」と感じることができるのでしょうか。それは「学級活動」の時間であると私自身は考えます。

　子どもたちが自分たちで問題を解決していく、もしくは、自分たちでイベントを企画して進めていく。そうしたことを子ども主体で協働しながらどれだけ進めることができるかが、自治的なクラスであるかどうかの見極めどころとなります。

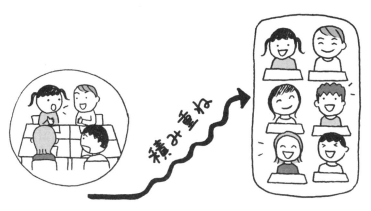

> **ADVICE!**
>
> 学級活動を子どもたちの手に委ねていくためには、ICT機器の開放が欠かせません。学級活動は子どもたちの活動であるとして、できる限り効率よく活用できる環境を整えていきましょう。

5

問題解決力が高まる

協働的な学びを進めていくと、当然、うまくいかない場面に直面することも少なくありません。その経験自体が成長の糧となります。

トラブルこそ成長のチャンス

「子どもたちがトラブルを起こした」と聞くと、「解決がたいへんだったらどうしよう」「大丈夫かな？　心配だな」という思いがもちろんよぎります。私自身、新任の頃は、そのように子どもたち同士のトラブルを重くとらえてしまい、心の中をザワザワさせていたものです。しかし、あるアプローチをきっかけに、「トラブルも成長のチャンスになることがある」と確信をもって対応できるようになりました。

それは、子どもたちにトラブル解決の方法を具体的にアドバイスしていくことです。

問題解決の手順を示す

子どもたちへのトラブル解決方法の指導は、それほど難しいことではありません。例えば、子どもたち同士が話し合う場面では、①話し合いの目的を確認する、②自分の思っていることを順番に話す、③思っていることを聴き取った上でどう思ったのかを話す、④改善点はないかを考えて伝える、⑤これからどうしていくかを話すといった手順です。これを子どもたちと共有しているだけでも、大きく異なります。

協働的な学びがマインドを育む

　もちろん、こうした手順を子どもたちに伝えていたとしても、「自分たちの課題は自分たちで解決するもの」という認識が備わっていなければ、たとえ共有したところで効果は期待できません。そのためにも、日頃から協働的な学びに取り組む経験が必要になるのです。

　そのような学習を日々進め、定着しているクラスであれば、「自分たちの課題は自分たちで解決する」「自分たちの課題は自分たちの力で解決できる」というマインドが自ずと備わるのです。

ADVICE!

問題の解決力を高めるためには、スキルとマインドの双方が不可欠です。スキルを丁寧に教えることも、マインドがもてるように経験を積ませることも、ともに実践できていることが重要だと覚えておきましょう。

6 「教える」システムから 「学びを支援する」システムへ

協働的な学びへの転換には、学びのシステムが変わっていることをとらえる必要があります。これまでと同じ考えでは効果は発揮されないのです。

Coaching という言葉

　現在の学校現場では、「教える」という行為のみでは授業は成立しなくなっています。内閣府の資料「Society 5.0の実現に向けた教育・人材育成に関する政策パッケージ」(2022年6月)には、明確に「TeachingからCoachingへ」と提示されていることからも、そうした状況を実感します。

　もちろん、学校で子どもたちに「教える」という行為がなくなることはありませんが、内閣府の資料内にも示されている通り「Coaching（引き出す）」という行為が、今後より一層重要になってくることを改めて認識していきましょう。

「問いかけ」が子どもたちの力を引き出す

　TeachingからCoachingに変換するためには、実際、どのようにすればいいのでしょうか。それは、直接的な子どもたちへの言葉かけのみならず、子どもが主体的に動くことができる「問いかけ」が重要になってくるということです。例えば、「がんばろう」ではなく「どうしたい？」と変換していくことを意味します。この直接的な言葉かけと間接的な問いかけを積み重ねていくことで、大きな成果が生まれるのです。

日頃から「問いかけ」を意識する

　毎日の学校生活のみならず、直接的に学習指導を行う場面においても、子どもたちにかける言葉を「問いかけ」に変えていくことを意識してみましょう。例えば、朝の連絡の場面でも、「今日は体育があります。2時間目の後に着替えましょう」と言うだけではなく、「今日は何時間目の後に着替えたらいいかな？」と問いかけるようにしていきます。

　これを教師が強く意識しながら積み重ねていくと、子どもたちから「今日は2時間目の後に着替えよう」という自発的な声が上がるようになるのです。

ADVICE!

もちろん、直接的な言葉かけをおろそかにしてはいけません。「きっとできるよ！」「大丈夫！」「自信をもって！」など、子どもたちがやろうとしている姿に合わせて前向きな言葉をぜひ送ってあげてください。

7

学びをリアルな社会に
つなげる

協働的な学習の大きなねらいの1つが、「リアルな社会とつなぐ」です。これは、オーセンティックな学びとも関連しています。

本物とつなぐ

これからの教育においては、ますます「オーセンティックな学び」が大切にされていくことでしょう。つまり、「本物とつなぐ」ということです。例えば、自分たちが暮らす地域について学習をするのであれば、区長さんとつながって学習を進めたり、商品について学ぶのであれば商店街の人とつながって学習を進めたりといった具合です。

このように、子どもの学習内容を「リアルな社会とつなげられるかどうか」が求められています。

ゴール設定をリアルな場に

本物とつなぐ学習のためにも、「ゴール設定」が重要となります。もちろん、いつもリアルな社会とつながることは難しいでしょうが、年に数回は「リアルな社会」と関連させたゴール設定を意識的に据えていきましょう。

具体的には、「実際に町の人に発表を聞いてもらう」「校長先生に学校をさらによりよくする案を聞いてもらう」などとゴール設定にリアルな人を据えることで、子どもたちの学びはグッと進化していきます。

リアルな社会での失敗が教室の学びを引き上げる

　協働的な学びも教室内の閉じたものであれば、あくまでも疑似的な学びとなるだけで、リアルな学びとはなりません。つまり、子どもたちはいつまでも安全に保護された環境で学び続けるだけにとどまってしまうのです。

　リアルな社会とつながって学ぶからこそ、生まれる失敗もあります。そうしたリアルな失敗が、また教室での学びを充実させるのです。ぜひ、教室の外へ飛び出して学びの場を設定するべくいざなっていきましょう。

ここが押さえどころ！

教室とリアルな社会をつなげよう！

ADVICE!

リアルな社会とつながる学びには、ひと手間もふた手間もかかることもあります。しかしそれによって、子どもたちの学びは2倍にも3倍にもコクのあるものとなります。教師自身もチャレンジです。

Column 6

教室から飛び出す
協働的な学び

　協働的な学びは、誰と行うのでしょうか。それは言うまでもなく、日々教室で一緒に活動している友だちですが、１年間、自分の教室だけに閉じこもっているのではもったいないです。

　教室外にもどんどん飛び出す開かれた協働的な学びができるように、教師は支援していきたいものです。

　例えば、次のような人たちと協働的な学びを実現することができます。

- **・同じ学年のメンバーと**
- **・同じ学校の異学年のメンバーと**
- **・校長先生や教頭先生をはじめとした学校内の学年とは違う先生と**
- **・参観を見にきてくれた保護者のみなさんと**
- **・地域に在住している留学生の人たちと**
- **・地域のさまざまな人たちと**
- **・ゲストティーチャーと**

　こうした広い視点で多様な人たちをイメージしながら、クラスはもちろん学年内でアイデアや企画を立ち上げれば、やる気しだいですぐに実現することが可能なのが協働的な学びです。

　また、リアルに出会うことは難しいかもしれませんが、オンラインを活用すれば以下のような人たちとも学び合うことができます。

- **・遠く離れた他校の子どもたちと**
- **・忙しくて会うことのできないゲストティーチャーの人と**
- **・他国の子どもたちと**

　現行の学習指導要領では、開かれた教育課程が推し進められています。ぜひ、日頃培った教室での協働的な学びを活かして、たくさんの人とのつながりをもってみてください。きっと、普段の学習とは異なる想定を超えた学びと出合うことができるはずです。

おわりに

　本書をここまでお読みいただき、ありがとうございました。

　いかがだったでしょうか。具体的にご自身のクラスや学校で協働的な学びをスタートさせる「第一歩」が見えてきたでしょうか。

　私が協働的な学びを取り入れようとした10年前は、教育現場も今とは大きく異なる状況でした。

　・授業を静かに受けることができるのがよいクラスである

　・教師の言うことを素直に聞いて動ける子どもがよい子である

　授業に対する価値は、まだまだそれだけに縛られていたなあと思い起こされます。もちろん、今でも「人の話を聞かなければならない状況で聞くことができる」「教師の指示を理解して取り組むことができる」ことは大切です。それは、時代が変わっても必要不可欠な力だと言えるでしょう。しかし、協働的な学びを実践し続けることで、次のような子どもたちに出会えます。

　「先生、友だちに相談しに行っていいですか」

　「私はＡという方法でやってみたいです」

　そうした子どもたちの姿を見る度に、「今の学びは子どもたちのものになっているんだな」「自分たちの学びのかたちを自分たちでつくろうとしているんだな」という、教師として当たり前の思いを抱くことができます。そしてその度に、子どもたちがもつ計り知れない可能性を感じ取ることができるのです。

　本書が、そうした子どもたちの可能性を拓くためのきっかけとなれば、筆者としてこれ以上に喜びはありません。全国の教室で1人でも多くの子どもたちの学びが育まれることを心から願っています。

　2025年2月

丸 岡 慎 弥

著者紹介　丸岡慎弥（まるおか しんや）

1983年、神奈川県生まれ。三重県育ち。元大阪市公立小学校15年勤務。
現在、立命館小学校勤務。関西道徳教育研究会代表。日本道徳教育学会会員、日本キャリア教育学会会員、日本道徳教育方法学会会員。銅像教育研究家。
教師の挑戦を応援し、挑戦する教師を応援し合うコミュニティ「まるしん先生の道徳教育研究所」を運営。自身の道徳授業実践も公開中。
著書に『やるべきことがスッキリわかる！　考え、議論する道徳授業のつくり方・評価』『話せない子もどんどん発表する！　対話力トレーニング』『高学年児童がなぜか言うことをきいてしまう教師の言葉かけ』『自己調整学習力がぐ〜んとアップ！　夢中を仕掛ける「教えない」授業』(学陽書房)など多数ある。

オープンチャット
「まるしん先生の道徳教育研究所」
＊本名、都道府県を明記できる方のみご参加ください。
「丸岡の書籍を読んで」と入力ください。

個別最適な学びとつながる！
協働的な授業スタートブック

2025年3月27日　　初版発行

著者	丸岡慎弥
ブックデザイン	能勢明日香
イラスト	坂木浩子
発行者	佐久間重嘉
発行所	株式会社 学陽書房
	東京都千代田区飯田橋1-9-3　〒102-0072
	営業部　TEL 03-3261-1111　編集部　TEL 03-3261-1112
	FAX 03-5211-3300　　　　　　FAX 03-5211-3301
	https://www.gakuyo.co.jp/
DTP制作	越海編集デザイン
印刷・製本	三省堂印刷

©Shinya Maruoka 2025, Printed in Japan
ISBN978-4-313-65524-9　C0037

乱丁・落丁本は、送料小社負担にてお取り替えいたします。
定価はカバーに表示してあります。

JCOPY　＜出版者著作権管理機構　委託出版物＞
本書の無断複製は著作権法上での例外を除き禁じられています。複製される場合は、そのつど事前に、出版者著作権管理機構（電話03-5244-5088、FAX 03-5244-5089、e-mail: info@jcopy.or.jp）の許諾を得てください。

学陽書房の好評既刊！

自己調整学習力がぐ〜んとアップ！
夢中を仕掛ける「教えない」授業

丸岡慎弥 著
◎ A5判128頁　定価2090円（10％税込）

「主体的に学習に取り組む態度」「学びに向かう力＝自己調整学習力」を授業の中で育む具体的指導法が学べる本！　教師が一方的に知識を教え込んでいくのではなく、学習のめあてや取り組みに対して、子ども自ら夢中になって学び出す指導スキルを、基礎・基本から実践例とともに紹介。

学陽書房の好評既刊！

確かな学力が身につく！
小学1年生担任の授業技術大全
6年間の学びの土台となる基礎学力づくりのコツ

丸岡慎弥 著
◎A5判144頁　定価2090円（10％税込）

小学校6年間のベースとなる基礎学力形成と「確かな学力」の定着を目指しながら、1年生の子どもたちへの効果的且つ学力向上を引き出すための授業づくりの具体的方法を紹介。今日からすぐに使える実践アイデアをはじめ、子どもの学習意欲や集中力を引き出す言葉かけ、家庭学習との連動術、1人1台×ICTツールの活用ポイントなどが満載です！

話せない子も
どんどん発表する！
対話力トレーニング

丸岡慎弥 著
◎A5判168頁　定価2090円（10％税込）

「主体的・対話的で深い学び」を実現するための対話の指導法が具体的に学べる本！　話すのが苦手な子や口べたな子、発言に自信がない子もみるみる話せるようになり、クラス全体の学習意欲が驚くほどに高まります。ペアトーク、グループトークをはじめ話し合い活動を中心とした授業づくりだけではなく、学級経営にも役立つ指導ポイントと簡単なトレーニングを多数収録。

やるべきことがスッキリわかる！
考え、議論する道徳授業の
つくり方・評価

丸岡慎弥 著
◎A5判160頁　定価2090円（10％税込）

2018年4月から教科化され全面実施となった「特別の教科道徳」の「考え、議論する」道徳授業のつくり方と評価の仕方を一挙解説。教材研究、めあての設定、机配置、導入、板書、中心発問、授業のまとめ方などのほか、子どもが夢中になって考え、心の成長を果たしていくための評価の仕方やその規準など、自信をもって指導をするための基本とポイントを分かりやすいイラストとともに紹介！

学陽書房の好評既刊！

１年生のクラスが とにかくうまくいく 教師の聞く力

丸岡慎弥 著
◎A5判144頁　定価2090円（10％税込）

「傾聴」「頷き」「相槌」「問いかけ」「確認」など、子どもの成長・意欲・夢中を引き出す教師の「聞く力」が分かりやすく学べる本。小学１年生の学級経営を成功させるために役立つ指導の極意が分かりやすいイラストとともに満載！

教師の聞き方ひとつで 高学年クラスは こう変わる！

丸岡慎弥 著
◎A5判144頁　定価2200円（10％税込）

頷きや相槌、聞き取り方のほか、具体的な問いかけフレーズ、距離のとり方、信頼関係へのつなげ方など、多感な高学年の学級づくりに効果的な指導の極意を、教師が「聞く」という視点から具体的な実践事例とともに学べる一冊！

学陽書房の好評既刊！

小学1年生が
なぜか言うことをきいてしまう
教師の言葉かけ

丸岡慎弥 著
◎ A5判144頁　定価1980円（10%税込）

幼保小接続問題や不適応行動の対応など、小学校教育の中でも特別と言われる1年生。日頃から指導に自信がもてずに課題を抱えている教師に向けて、効果的かつ成長を引き出す「言葉かけ」を中心に、現場で役立つ指導のヒントや具体的アドバイスなどを実践例とともに紹介！

2・3・4年生が
なぜか言うことをきいてしまう
教師の言葉かけ

丸岡慎弥 著
◎ A5判136頁　定価1980円（10%税込）

1年生から高学年までの橋渡しとなる「要の学年」ともいわれる2・3・4年生の子どもたち。小学生の指導の中でも、昨今はとくにやんちゃ過ぎて手を焼くばかりという悩みの声もある中、この3学年のそれぞれの成長を丁寧にとらえ、ステップアップ式に言葉かけを通して指導していく方法やその押さえどころが詰まった一冊！

高学年児童が
なぜか言うことをきいてしまう
教師の言葉かけ

丸岡慎弥 著
◎ A5判136頁　定価1980円（10%税込）

もっとも難度が高いと言われる高学年児童への「言葉かけ」を場面別にまとめた指導書。言葉のかけ方やそのフレーズの紹介に留まらず、高学年児童との距離のとり方、また、ほめ方や叱り方、ちょっとした注意の仕方など、現場で日々遭遇しがちな多くの場面を想定したポイントをフォロー！